China—CEEC

中国—中东欧国家
科技创新记分卡

中国科学技术发展战略研究院
科睿唯安　著

科学技术文献出版社
SCIENTIFIC AND TECHNICAL DOCUMENTATION PRESS
·北京·

U0669271

图书在版编目（CIP）数据

中国—中东欧国家科技创新记分卡 / 中国科学技术发展战略研究院，科睿唯安著. —北京：科学技术文献出版社，2020.8
ISBN 978-7-5189-5093-5

Ⅰ.①中… Ⅱ.①中… ②科… Ⅲ.①国际科技合作—研究—中国、欧洲 Ⅳ.① F125.4 ② F150.54

中国版本图书馆 CIP 数据核字（2020）第 127018 号

中国—中东欧国家科技创新记分卡

策划编辑：李 蕊　　责任编辑：张 红　　责任校对：王瑞瑞　　责任出版：张志平	
出　版　者	科学技术文献出版社
地　　　址	北京市复兴路15号　邮编 100038
编　务　部	（010）58882938，58882087（传真）
发　行　部	（010）58882868，58882870（传真）
邮　购　部	（010）58882873
官 方 网 址	www.stdp.com.cn
发　行　者	科学技术文献出版社发行　全国各地新华书店经销
印　刷　者	北京时尚印佳彩色印刷有限公司
版　　　次	2020 年 8 月第 1 版　2020 年 8 月第 1 次印刷
开　　　本	889×1194　1/16
字　　　数	220千
印　　　张	8.75
书　　　号	ISBN 978-7-5189-5093-5
定　　　价	98.00元

《中国—中东欧国家科技创新记分卡》

编委会

主　任　　胡志坚　　梁颖达　　郭　利

副主任　　张　丽　　孙福全　　刘冬梅

总体组

中国科学技术发展战略研究院

玄兆辉　　韩佳伟　　陈　钰　　刘辉锋
孙云杰　　曹　琴　　朱迎春

科睿唯安

宁　笔　　史华雨　　马亚鹏　　许光凯
王　琳

数据支持组

科睿唯安
北京立言创新科技咨询中心

设计制作组

北京维视时代科技发展有限公司
科睿唯安

目录

第四章　中国—中东欧国家企业创新

4

第五章　国别概览

5

引言

> 科技创新是推动经济社会发展、塑造国际关系的重要力量。当前，全球新一轮科技革命和产业革命加速发展，新思想竞相涌现，新技术快速崛起，为世界各国的发展带来了诸多机遇和挑战。拓展科技创新空间、加强科技创新合作，成为中国—中东欧国家的共同意愿。

中国和中东欧国家都是世界科技创新的重要力量，加强科技创新合作有助于实现优势互补，构建更为紧密的创新共同体。近年来，中国在世界创新舞台上的地位越来越重要，研发投入大幅提高，研究与试验发展（R&D）经费占 GDP 的比重已经超过欧盟平均水平；创新产出成果丰硕，论文数量和专利数量飞速增长。但是，中国的科技创新能力仍有很大的提升空间。根据欧盟委员会发布的《2019 年欧洲创新记分牌》，中国科技创新能力仍不及欧盟整体水平，属于中等创新国家。部分中东欧国家的科技创新表现非常突出，立陶宛、希腊、拉脱维亚、爱沙尼亚等国家的创新能力提升显著，爱沙尼亚首次跻身创新强势国家行列；但大部分中东欧国家仍属于中等创新国家和一般创新国家。中国和中东欧国家在整体科技创新能力上具有相似性，但在不同领域各具优势，这些都为中国和中东欧国家的科技创新合作提供了条件。

中国和中东欧国家的科技创新合作具备坚实的基础。自 2012 年中国—中东欧国家合作机制建立以来，中国和中东欧国家在经济贸易、基础设施、投资、人文等领域的合作取得了丰硕的成果，成为中欧全面战略伙伴关系的重要组成部分。近年来，中国和中东欧国家的科技创新合作领域大幅扩展，合作层次不断提高，形成了全方位、宽领域、多层次的科技创新合作格局。

在此背景下，中国科学技术发展战略研究院和科睿唯安（原汤森路透知识产权与科技事业部）合作，以文献计量学、专利分析等方法为支撑，系统分析 2014—2018 年中国—中东欧国家科技创新的规模、特点、发展趋势和合作网络，以期为促进各国科技创新发展、增进中国—中东欧国家科技创新合作提供借鉴。

本报告开篇介绍了方法论与指标说明，并给出了报告的主要结论。随后是主体部分，共分为五章：第一章至第四章分别从科技基础设施、科学研究、技术发明和企业创新 4 个方面，展现中国—中东欧国家的科技创新现状、趋势和合作特征；第五章是国别概览，展示各国的科技创新特点。最后是附表，提供报告中所使用的具体数据。

方法论与指标说明

1. 方法论

本报告以文献计量学、专利分析等方法为支撑，以图表展示、指标呈现、网络分析为主要形式，从科技基础设施、科学研究、技术发明和企业创新 4 个方面，系统分析 2014—2018 年中国—中东欧 18 个国家科技创新的规模、特点、发展趋势和合作网络。

中国—中东欧国家指阿尔巴尼亚、波黑、保加利亚、中国、克罗地亚、捷克、爱沙尼亚、希腊、匈牙利、拉脱维亚、立陶宛、黑山、北马其顿、波兰、罗马尼亚、塞尔维亚、斯洛伐克、斯洛文尼亚等 18 个国家。此外，中国的科技基础设施和企业创新数据为中国内地数据，论文和专利数据覆盖了中国内地、香港特别行政区和澳门特别行政区。

本报告所采用的数据均来源于有关国际组织、政府机构和科睿唯安旗下的数据平台。其中，科技基础设施数据来自联合国教科文组织、世界经济论坛和世界银行，数据年份为能获取数据的最近年份；论文数据来自科睿唯安旗下的Web of Science核心合集™和基本科学指标数据库™（ESI），报告中所指论文的文献类型限定为论文（article）和综述（review）两类，检索时间为2019年11月22日；专利数据来自世界知识产权组织和科睿唯安旗下的德温特专利数据库™，检索时间为2019年12月31日；企业创新数据来自欧洲统计局和中国国家统计局；国别概览中的其他数据来自联合国教科文组织和世界银行。

2. 有关指标说明

学科规范化引文影响力（CNCI）　指一篇论文相对于发表于同一年、同一学科、同一文献类型的论文的被引表现，消除了学科、发表时间和文献类型对论文被引频次的影响，是标准化的引文影响力指标。$CNCI=C/reference$，其中，C 为一篇论文的被引频次，$reference$ 为与该论文发表于同一年、同一学科、同一文献类型的全球论文篇均被引频次。$CNCI=1$ 表明论文的被引表现与全球平均水平持平。一个国家论文的 $CNCI$ 值为该国所有论文 $CNCI$ 值的平均值。

TOP10% 高被引论文	指在同一年、同一学科、同一文献类型的全球论文中被引频次排名前 10% 的论文。
Q1 期刊论文	指发表在科睿唯安《期刊引证报告》（JCR）的分区中 Q1 区期刊的论文。科睿唯安以当年的影响因子为基础，在每个学科内按照期刊当年的影响因子排序，把期刊平均分为 Q1、Q2、Q3 和 Q4 共 4 个区，Q1 期刊的学术影响力最高。
国际合作论文	指由 2 个或 2 个以上国家（或地区）作者合作发表的论文，每一篇国际合作论文在每个参与国家（或地区）中均计作 1 篇论文。
域内国际合作论文	指由 18 个国家中的 2 个或 2 个以上国家作者合作发表的论文。
ESI 学科	指基本科学指标数据库 ™（Essential Science Indicators™，ESI）的期刊分类，共分为 22 个学科，一本期刊只对应一个 ESI 学科。22 个学科包括农业科学、生物学与生物化学、化学、临床医学、计算机科学、经济学与商学、工程学、环境学 / 生态学、地学、免疫学、材料科学、数学、微生物学、分子生物学与遗传学、多学科、神经科学 / 行为学、药理学与毒理学、物理学、植物与动物学、精神病学与心理学、社会科学总论、空间科学。
论文优势学科	指同时考虑了学科论文数量和影响力、在本国学科发展中具有比较优势的学科。优势学科论文占本国全部论文的比重必须超过 3%，CNCI 必须超过 0.5。按照影响力大小对学科进行排序，确定论文优势学科排序。学科分类采用 22 个 ESI 学科类型。
WoS 学科	即 Web of Science 学科分类，指 Web of Science 核心合集 ™ 的期刊分类，共分为 254 个学科，一本期刊可以同时属于多个 WoS 学科分类。
PCT 申请	指通过专利合作条约（Patent Cooperation Treaty）提交的专利申请。通过该条约，申请人只要提交一件"国际"专利申请，即可在多个国家中的每一个国家同时要求对发明进行专利保护。
产品创新	指企业推出了全新或有重大改进的产品。这里的产品既包括货物又包括服务。产品创新的"新"要体现在产品的功能或特性上，包括技术规范、材料、组件、用户友好性等方面的重大改进。此处的"新"是指该产品对本企业而言必须是新的，但对于其他企业或整个市场而言不一定是新的。
工艺创新	指企业采用了全新或有重大改进的生产方法、工艺设备或辅助性活动。工艺创新的"新"要体现在技术、设备或流程上；其对本企业而言必须是新的，但对于其他企业或整个市场而言不一定是新的。

主要结论

> 中国—中东欧国家是世界科技创新的重要力量。近年来，中国—中东欧国家的科技创新合作不断深化，形成了全方位、宽领域、多层次的科技创新合作格局。本报告系统分析了 2014—2018 年中国—中东欧国家科技创新的发展现状、发展趋势和合作网络，得出以下主要结论。

1. 中国—中东欧国家科技基础设施完备，为科技创新发展奠定良好基础

科技基础设施是一个国家开展科技创新活动的基础条件，中国—中东欧国家在科技基础设施方面有以下特点。

（1）在研发投入方面，各国投入强度差异较大

- 2017 年，7 个国家 R&D 经费投入强度 (R&D/GDP) 超过 1%。
- 捷克和斯洛文尼亚相对较高，R&D/GDP 均达到 1.8% 左右，R&D 人员投入强度分别为 13.2 人年 / 千名就业人员和 15.2 人年 / 千名就业人员。
- 希腊、爱沙尼亚、匈牙利、立陶宛、塞尔维亚、斯洛伐克、保加利亚、克罗地亚、波兰 9 个国家的 R&D/GDP 在 0.7%~1.4%，R&D 人员投入强度在 6~13 人年 / 千名就业人员。
- 中国 R&D 经费投入强度最高，为 2.12%，但 R&D 人员投入强度相对较低，为 5.2 人年 / 千名就业人员，与拉脱维亚相当。

（2）在教育和人力资源方面，中东欧国家基本实现高等教育普及化

- 捷克和爱沙尼亚教育经费投入占 GDP 比重达 5% 以上。
- 希腊的预期受教育年限为 19.1 年，中国仅为 9.6 年，其他国家均在 15 年左右。
- 大部分国家实现了高等教育普及化，希腊、拉脱维亚高等教育毛入学率分别为 136.6% 和 88.1%，仅有波黑、中国、匈牙利、北马其顿、罗马尼亚、斯洛伐克 6 个国家低于 50%。
- 波黑、捷克、爱沙尼亚、匈牙利、拉脱维亚、斯洛伐克 6 个国家留学生流入占比在 6.8% 以上。

（3）在信息通信基础设施方面，信息化程度已处于较高水平

- 18 个国家平均互联网使用率约为 75%。
- 克罗地亚、黑山和捷克等 13 个国家的固定宽带互联网接入率超过 25%。

- 在固定宽带互联网接入率较高的国家中，中国、立陶宛和拉脱维亚的光纤互联网接入率较高，超过 15%；保加利亚、罗马尼亚、爱沙尼亚等 8 个国家在 5%~15%；其他国家的光纤互联网接入率都还较低。

（4）在制度环境方面，知识产权保护表现相对突出

- 爱沙尼亚知识产权保护水平的得分最高，为 5.3 分；中国、立陶宛、斯洛文尼亚、捷克、拉脱维亚、罗马尼亚 6 个国家在 4.5~5 分。

- 中国和立陶宛校企合作水平的得分分别为 4.4 分和 4.3 分；阿尔巴尼亚、保加利亚、黑山等 7 个国家在 3.5~4 分。

- 阿尔巴尼亚、黑山、塞尔维亚外商直接投资（FDI）净流入占 GDP 比重在 8% 以上；北马其顿达 5.3%；希腊、立陶宛、中国、拉脱维亚 4 个国家在 1%~2%；匈牙利为 FDI 净流出国。

2. 多数国家论文产出效率和影响力不断提升，域内论文合作日益活跃

论文是科学研究的主要成果，一定程度上衡量了一个国家的知识创造能力和科学研究水平。中国—中东欧国家在科学研究方面有以下特点。

（1）在论文产出规模方面，大部分国家实现了数量和效率双增长

- 2014—2018 年，中国—中东欧国家的论文数量持续增长，在中东欧国家中，波兰、捷克和希腊发表论文较多。

- 以每千人年研究人员论文数衡量，大部分国家的论文产出效率有所提升，拉脱维亚、北马其顿、黑山、立陶宛和中国的增幅超过 20%。但各国之间的差别仍然较大，黑山、克罗地亚、罗马尼亚等 6 个国家的效率较高，中国和保加利亚相对较低。

（2）在论文学术影响力方面，18 个国家论文整体引文影响力已在世界平均水平之上

- 从引文影响力看，与 2014 年相比，2018 年大部分国家的引文影响力实现提升，阿尔巴尼亚、保加利亚和拉脱维亚增幅最大；18 个国家平均水平已超过世界平均水平，其中，爱沙尼亚、拉脱维亚、希腊等 10 个国家超过 18 个国家平均水平。

- 从 TOP10% 高被引论文占比看，2018 年 18 个国家达到 11.2%，10 个国家较 2014 年有所提高，其中，阿尔巴尼亚、拉脱维亚和保加利亚增幅较高；但各国差别仍然较大，爱沙尼亚、拉脱维亚、希腊等 7 个国家高于 18 个国家平均水平。

- 从 Q1 期刊论文占比看，2018 年，爱沙尼亚、中国、斯洛文尼亚、拉脱维亚、希腊 5 个国家高于世界整体水平，13 个国家较 2014 年有所增长，阿尔巴尼亚和拉脱维亚的增幅超过13 个百分点。

- 从论文引证关系看，中国、波兰、捷克、希腊、匈牙利 5 个国家的论文被域内国家引用的次数较多。

（3）在论文国际合作方面，18 个国家的论文国际合作非常活跃

- 2018 年，18 个国家国际合作论文数量较 2014 年均实现大幅增长，阿尔巴尼亚、波黑、拉脱维亚等 14 个国家的国际合作论文占比超过一半。波兰、捷克和中国的域内合作较多，之后为匈牙利、希腊、斯洛伐克等 7 个国家。

- 域内国际合作对中东欧国家十分重要，波黑、黑山、拉脱维亚等 8 个国家的域内国际合作论文数占比达一半以上，除少数国家外，其他国家占比均在 30% 以上。

- 在域内论文合作关系网络里，大部分国家的论文合作关系相对稳定，波兰、中国、捷克、匈牙利和希腊是多数域内国家的主要合作伙伴。同时，合作关系也受地理邻近性和历史传统的影响。

（4）在论文优势学科方面，中东欧国家的优势学科分布具有相似性

- 临床医学最为突出，其次是物理学，之后是环境学 / 生态学。

- 从论文占比看，希腊、拉脱维亚、波黑、阿尔巴尼亚等国优势学科论文占比的差距较大，学科发展较集中。

- 从引文影响力看，爱沙尼亚、拉脱维亚、斯洛伐克等国家优势学科引文影响力的差距较大。

3. 中东欧国家专利国际化程度普遍较高，优势技术领域相似

专利的申请和拥有状况一定程度上反映了一个国家技术发明的水平和能力，专利的被引情况是衡量专利质量和影响力的重要维度之一。中国—中东欧国家在技术发明方面有以下特点。

（1）在专利产出规模方面，多数中东欧国家呈现增长或波动态势

- 2014—2018 年，捷克、希腊、匈牙利、波兰、罗马尼亚 5 个国家的发明专利年度申请量基本在 1000 件以上。波黑、中国、罗马尼亚、塞尔维亚 4 个国家的申请量呈增长态势；保加利亚、中国、捷克、波兰、斯洛伐克 5 个国家的授权量呈较明显的增长态势。

- 2018 年，17 个中东欧国家每 10 亿美元 GDP 的发明专利申请量平均为 8.0 件，斯洛文尼亚、波兰、爱沙尼亚、捷克和匈牙利高于 17 个国家平均水平。

（2）在专利国际化方面，大部分中东欧国家在国外提交发明专利申请的比例较高

- 2018 年，17 个中东欧国家共提交 PCT 申请 1235 件。其中，波兰、捷克和匈牙利居前 3 位，分别为 334 件、180 件和 153 件。

- 2018 年，17 个中东欧国家在美日欧三地的发明专利授权总量为 1894 件，占其国外发明专利授权总量的 50.9%。

（3）在专利影响力方面，中国与爱沙尼亚表现突出

- 从被引专利占全部专利的比重看，中东欧国家大体集中在 3%~10%。中国、北马其顿和爱沙尼亚的指标值相对较高，均超过 10%。

- 从专利平均被引次数看，中东欧国家大体集中在 0.1~0.3 次。中国和爱沙尼亚两国的专利平均被引次数较高，分别为 0.60 次和 0.43 次。

（4）在专利优势技术领域方面，计算机和医用技术优势明显

- 根据专利被引情况，计算机是最受关注的技术领域，在 11 个国家居于优势地位，在 5 个国家成为排名第 1 位的技术领域；其次是医用技术，进入了 10 个国家的优势技术领域，在 7 个国家是排名第 1 位的技术领域。

4. 国家间企业创新活跃程度差异较大，商标保护和商业秘密保护是普遍采用的创新成果保护方式

企业开展创新活动的状况和成效，是影响企业、产业、区域和国家创新能力的决定性因素。中国—中东欧国家在企业创新方面有以下特点。

（1）在创新活动规模方面，开展产品或工艺创新的企业占比处于较高水平

- 2016 年，各国开展创新活动的企业所占比重存在较大差异。希腊和立陶宛开展创新活动的企业占比最高，均超过 50%；克罗地亚、爱沙尼亚、捷克、塞尔维亚 4 个国家介于 40%~50%；斯洛文尼亚、中国、北马其顿、斯洛伐克、拉脱维亚 5 个国家处于 30%~40%。

- 在创新企业中，开展产品或工艺创新的企业占比超过 70% 的有 13 个国家。在开展产品或工艺创新的企业中，中国有合作创新的企业占比超过 60%，爱沙尼亚是唯一超过 50% 的中东欧国家。

（2）在创新经费支出方面，大部分国家企业用于获取机器、设备和软件的经费占比较高

- 从产品和工艺创新的各项经费支出结构看，中国企业的内部研发经费支出所占比重最高，为 62.6%；斯洛文尼亚和罗马尼亚均超过了 40%。

- 一些内部研发经费支出占比低的国家用于获得机器、设备和软件的支出占比往往较高，北马其顿企业这类支出占比高达 88.8%，立陶宛、拉脱维亚、塞尔维亚、克罗地亚和波兰的占比均在 65% 以上。

（3）在创新成果的知识产权保护方面，选择商标保护和商业秘密保护方式的企业占比较高

- 各国通过专利来保护创新成果的企业占比不高，每一种专利保护方式的占比均未超过 10%。

- 大部分国家选择商标保护的企业占比都超过了 10%，希腊、保加利亚和捷克 3 个国家最高，分别为 19.2%、19.1% 和 15.5%。

- 很多企业选择了商业秘密保护方式，其中，捷克选择该方式的企业占比高达 33.9%。

- 版权保护是企业较少采用的一种知识产权保护方式，仅有塞尔维亚和波兰两国的企业占比超过 10%。

科技基础设施是一个国家开展科技创新活动的基础条件，包括硬件和软件基础设施。本章从研发投入、教育和人力资源、信息通信基础设施及制度环境 4 个方面来反映中国—中东欧国家的科技基础设施状况。

1

第一章

中国—中东欧国家科技基础设施

1.1 研发投入

R&D投入是综合反映一个国家科技资源状况的核心指标，包括R&D经费和人员两个方面。2017年，从R&D经费投入规模看，中国R&D经费投入规模最大，达到2604.9亿美元，之后为波兰、捷克、希腊、匈牙利和罗马尼亚，在10亿~60亿美元，其他国家R&D经费投入低于10亿美元。

在投入强度方面，捷克和斯洛文尼亚 R&D 经费、R&D 人员投入强度都处于较高水平，R&D 经费投入强度（R&D/GDP）达到 1.8% 左右，R&D 人员投入强度分别达到 13.2 人年 / 千名就业人员和 15.2 人年 / 千名就业人员。

希腊、爱沙尼亚、匈牙利、立陶宛、塞尔维亚、斯洛伐克、保加利亚、克罗地亚、波兰 9 个国家 R&D/GDP 在 0.7%~1.4%，R&D 人员投入强度在 6~13 人年 / 千名就业人员。

拉脱维亚、罗马尼亚、黑山、北马其顿、波黑 5 个国家 R&D 投入强度相对较低，R&D/GDP 低于 0.6%，R&D 人员投入强度在 6 人年 / 千名就业人员以下。

中国 R&D 经费投入强度较高，为 2.12%，但 R&D 人员投入强度相对较低，为 5.2 人年 / 千名就业人员，与拉脱维亚相当（图 1-1）。

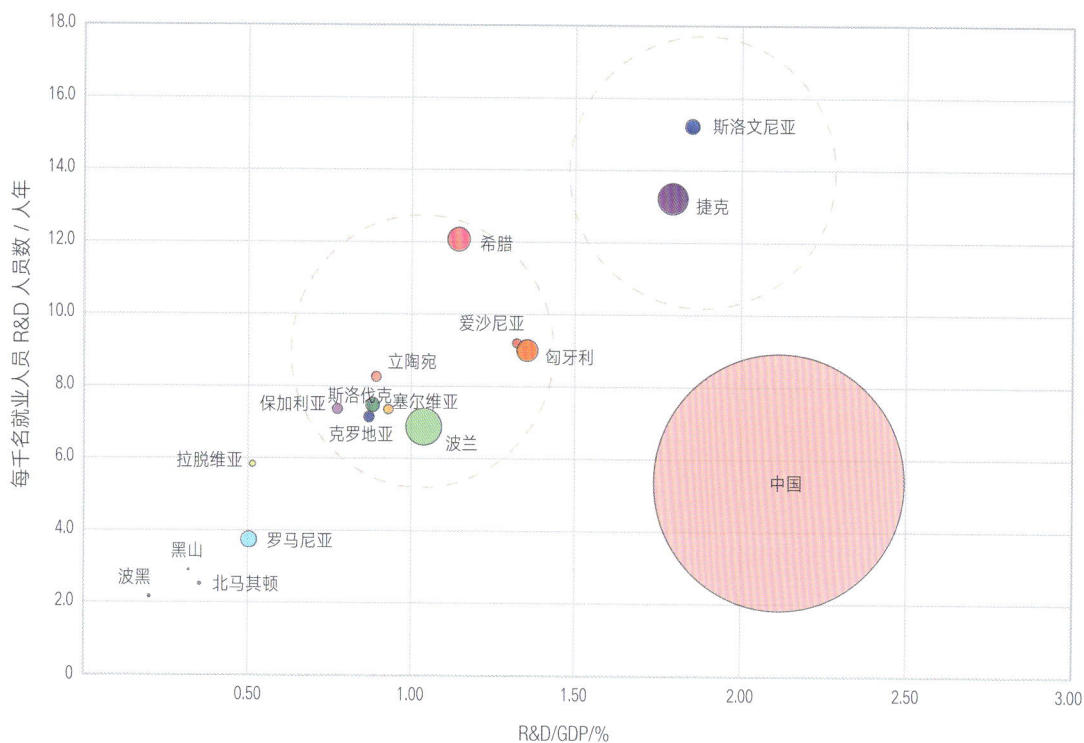

图 1-1　研发经费和人员投入（2017 年）

（气泡大小表示国家 R&D 经费总额）

注：阿尔巴尼亚无数据。黑山为 2016 年数据。

数据来源：联合国教科文组织。

详见附表 1。

1.2 教育和人力资源

　　教育经费投入占 GDP 比重反映一个国家对教育的重视和投入力度。有统计数据的 16 个国家教育经费投入占 GDP 比重平均水平为 4.29%。捷克最高，达到 5.59%，其次为爱沙尼亚（5.17%），斯洛文尼亚、匈牙利、拉脱维亚、波兰和克罗地亚在 4.5%~4.8%。阿尔巴尼亚、保加利亚、中国、希腊、立陶宛、塞尔维亚、斯洛伐克在 4% 左右，罗马尼亚和北马其顿略高于 3%（图 1-2）。

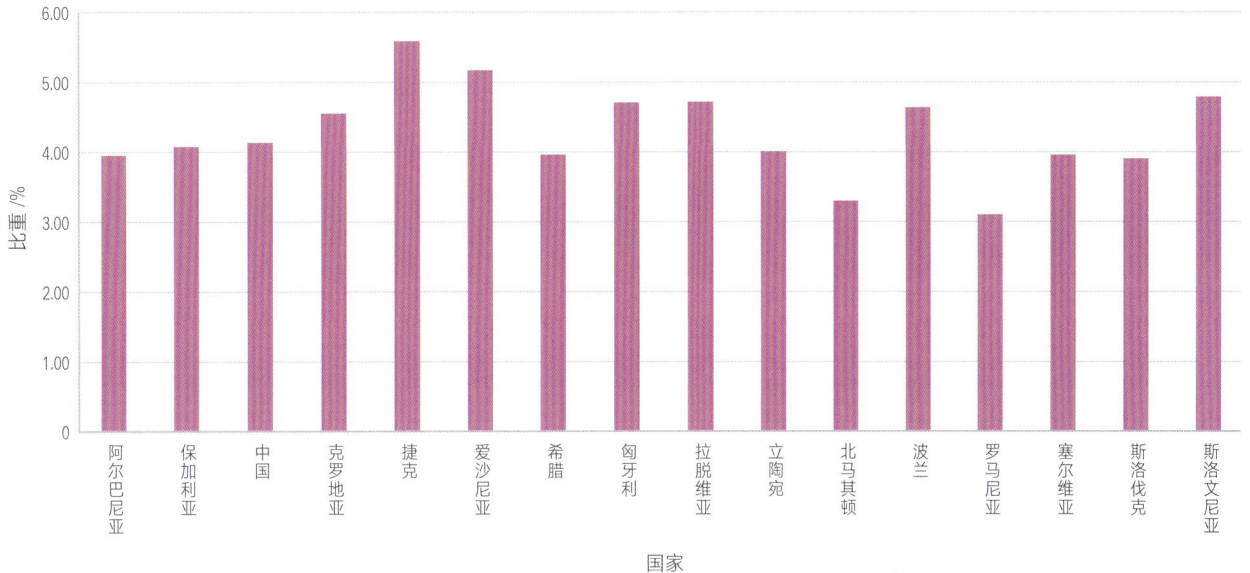

图 1-2 教育经费投入占 GDP 比重

注：数据年份为 2017 年或能获取数据的最近年份。波黑和黑山无数据。
数据来源：联合国教科文组织。
详见附表 2。

预期受教育年限反映一个国家国民素养和受教育水平。希腊预期受教育年限相对较高，为19.1年。中国仅为9.6年，其他国家都在15年左右。相比2014年，希腊、塞尔维亚和中国等9个国家有进步，平均提高0.36年，希腊最快，提高了1.2年。阿尔巴尼亚、保加利亚、斯洛伐克等8个国家有所下降（图1-3）。

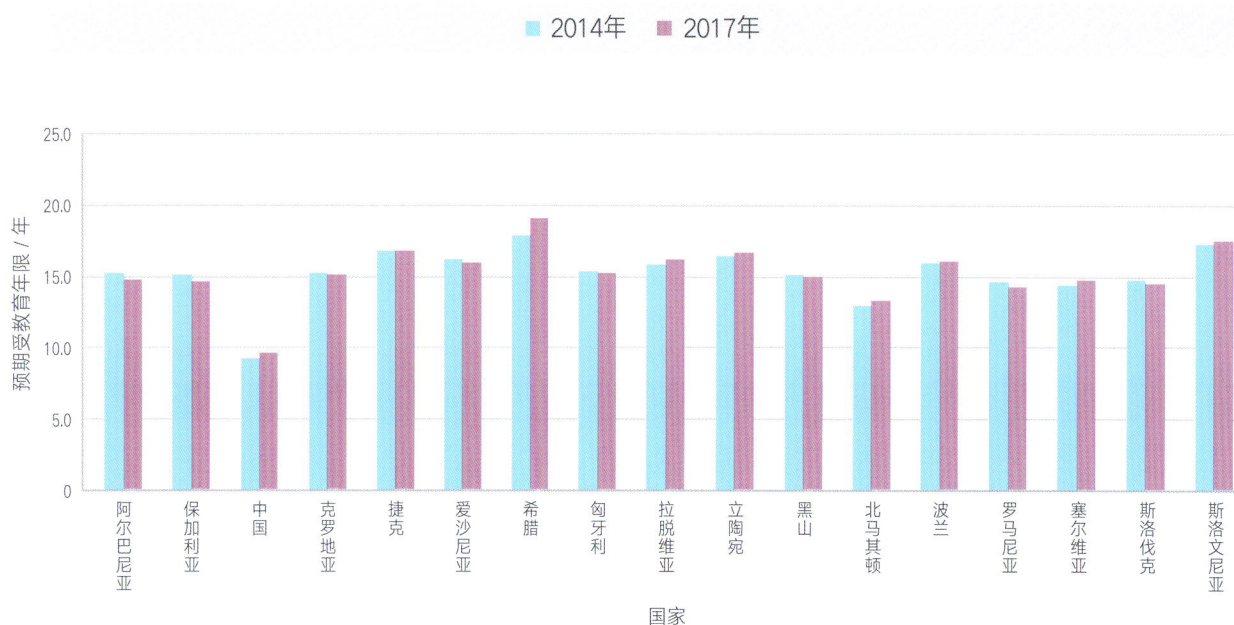

图 1-3　预期受教育年限

注：数据年份为 2017 年或能获取数据的最近年份。波黑无数据。
数据来源：联合国教科文组织。
详见附表 2。

高等教育毛入学率[①]和留学生流入占比[②]反映了国家高等教育普及化和人才流动状况。从高等教育毛入学率看，大部分国家实现了高等教育普及化，其中，希腊、拉脱维亚较高，分别为 136.6%、88.1%，波黑、中国、匈牙利、北马其顿、罗马尼亚和斯洛伐克 6 个国家低于 50%。

从留学生流入占比看，波黑、捷克、爱沙尼亚、匈牙利、拉脱维亚、斯洛伐克 6 个国家表现突出，均在 6.8%以上。综合来看，捷克、爱沙尼亚和拉脱维亚在两个方面都处于较高水平（图 1-4）。

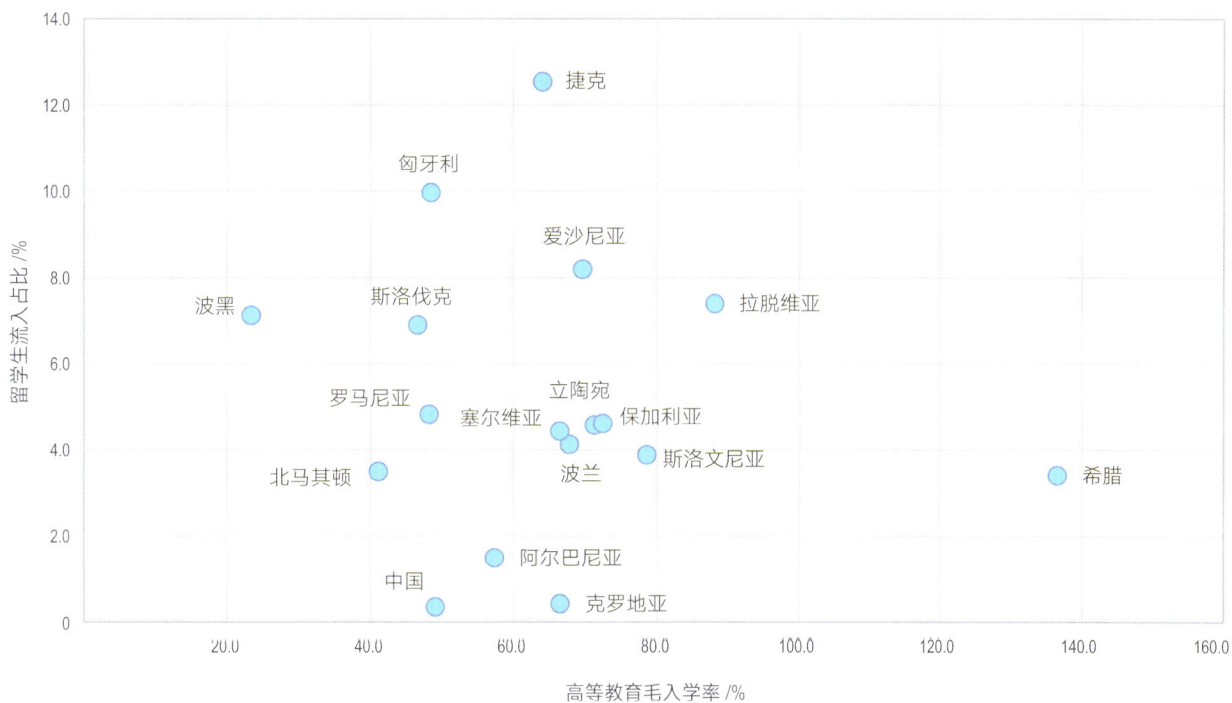

图 1-4　高等教育毛入学率和留学生流入占比情况

注：数据年份为 2017 年或能获取数据的最近年份。黑山无数据。
数据来源：联合国教科文组织。
详见附表 2。

---

① 高等教育毛入学率（%）= 高等教育在学总规模 /18~22 岁年龄组人口数 ×100%。

② 留学生流入占比指一国高等学校入学总人数中来自外国的学生人数所占比重。

1.3 信息通信基础设施

互联网的普及能够有效提高社会创新活动的效能。18 个国家互联网使用率平均达到约 75%。捷克、爱沙尼亚、拉脱维亚、斯洛伐克 4 个国家较高，在 80% 以上，中国和保加利亚在 70% 以下，其他国家都在 70%~80%（图 1-5）。

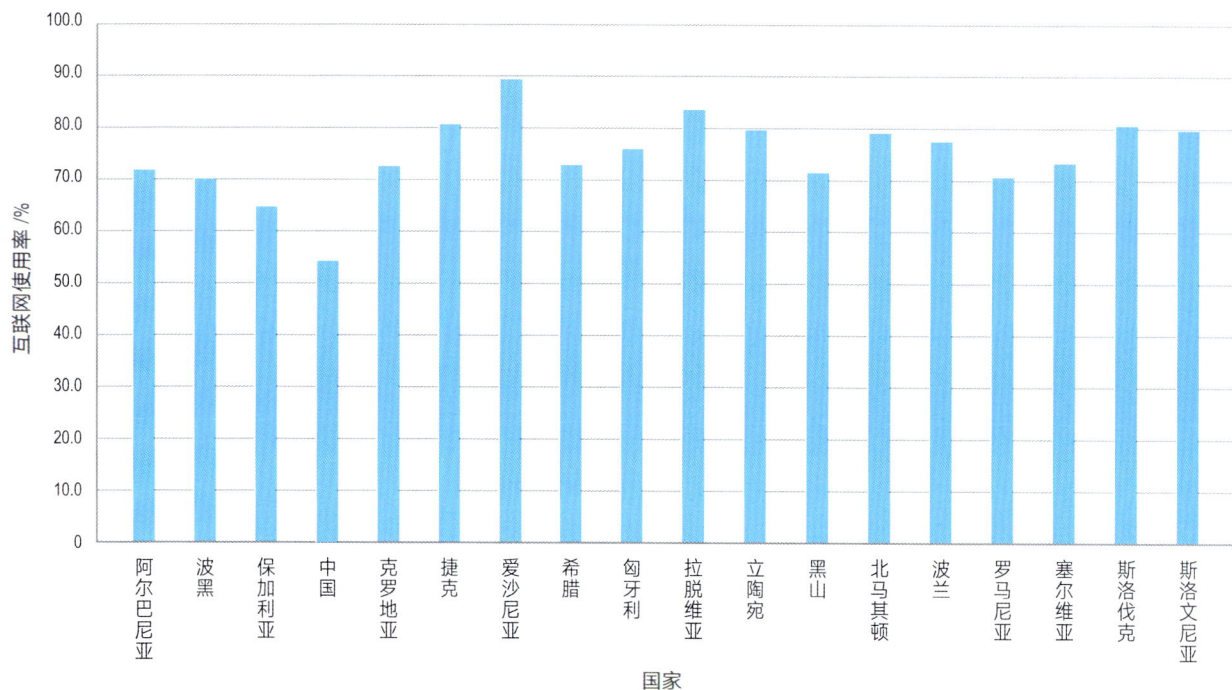

图 1-5 互联网使用率（2018 年）

数据来源：世界经济论坛，《全球竞争力报告 2019》。
详见附表 3。

固定宽带和光纤是国家信息化建设的重要基础设施。大部分国家的固定宽带互联网接入率较高，克罗地亚、黑山、捷克等 13 个国家在 25% 以上，波黑、北马其顿、波兰、塞尔维亚、阿尔巴尼亚 5 个国家还较低。

在固定宽带互联网接入率相对较高的国家中，中国、立陶宛和拉脱维亚光纤互联网接入率较高，超过 15%，保加利亚、罗马尼亚等 8 个国家在 5%~15%，其他国家光纤互联网接入率都还较低（图 1-6）。

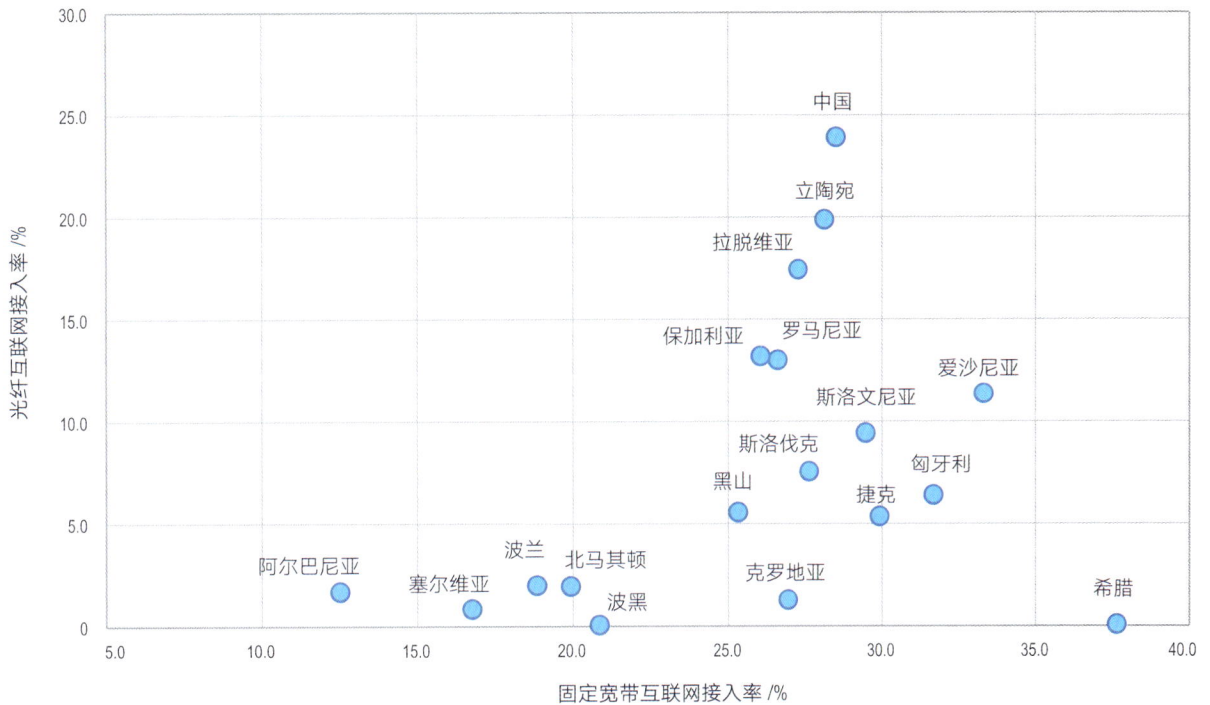

图 1-6 固定宽带和光纤互联网接入率

数据来源：世界经济论坛，《全球竞争力报告 2019》。
详见附表 3。

1.4 制度环境

    知识产权保护水平反映国家对创新活动的支持与保护力度，体现政府支持创新的政策环境。校企合作水平则反映了国家创新体系的网络联系，体现市场创新活力。世界经济论坛调查数据显示，在知识产权保护方面，爱沙尼亚得分最高，为 5.3 分，中国、立陶宛、斯洛文尼亚、捷克、拉脱维亚和罗马尼亚 6 个国家在 4.5~5 分。在校企合作方面,中国和立陶宛得分较高,分别为 4.4 分、4.3 分,阿尔巴尼亚、保加利亚、黑山等 7 个国家在 3.5~4 分（图 1-7）。

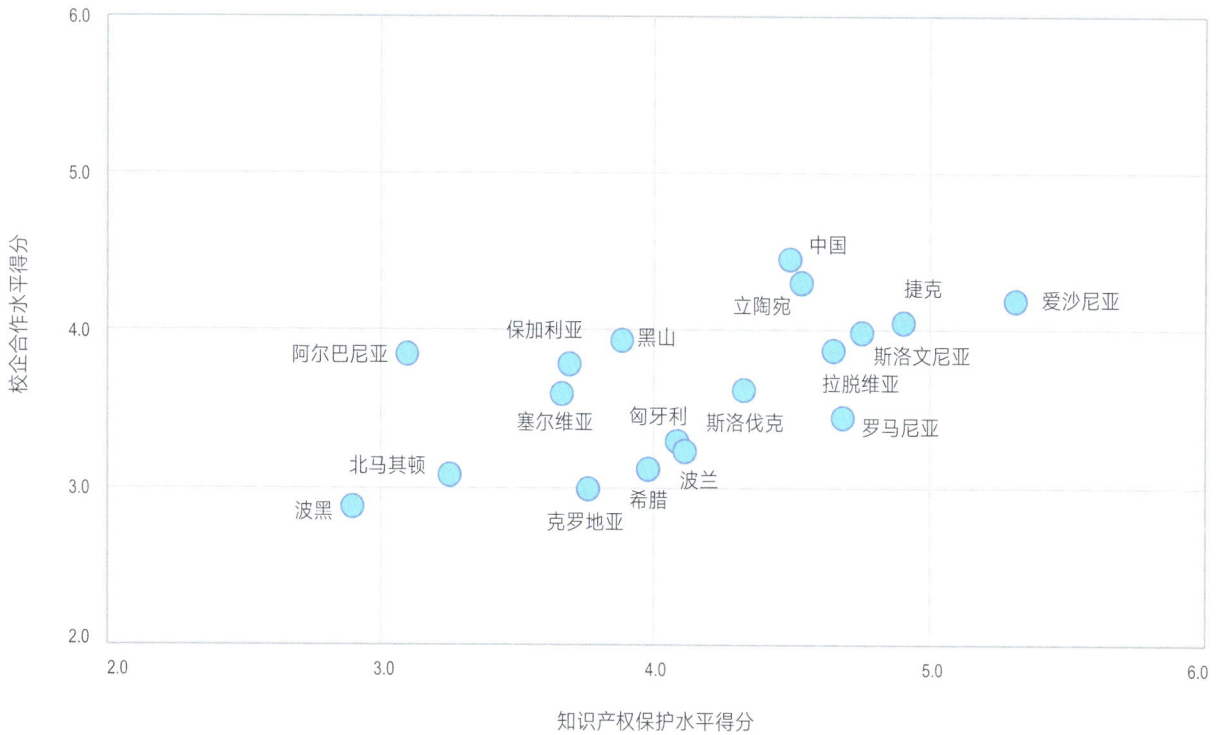

图 1-7 知识产权保护和校企合作水平

数据来源：世界经济论坛，《全球竞争力报告 2019》。
详见附表 4。

国家对外开放程度和市场吸引力可以用 FDI 相对规模来反映。阿尔巴尼亚、黑山、塞尔维亚 FDI 净流入占 GDP 比重在 8% 以上，北马其顿达到 5.3%，希腊、立陶宛、中国、拉脱维亚 4 个国家在 1%~2%，匈牙利为 FDI 净流出国（图 1-8）。

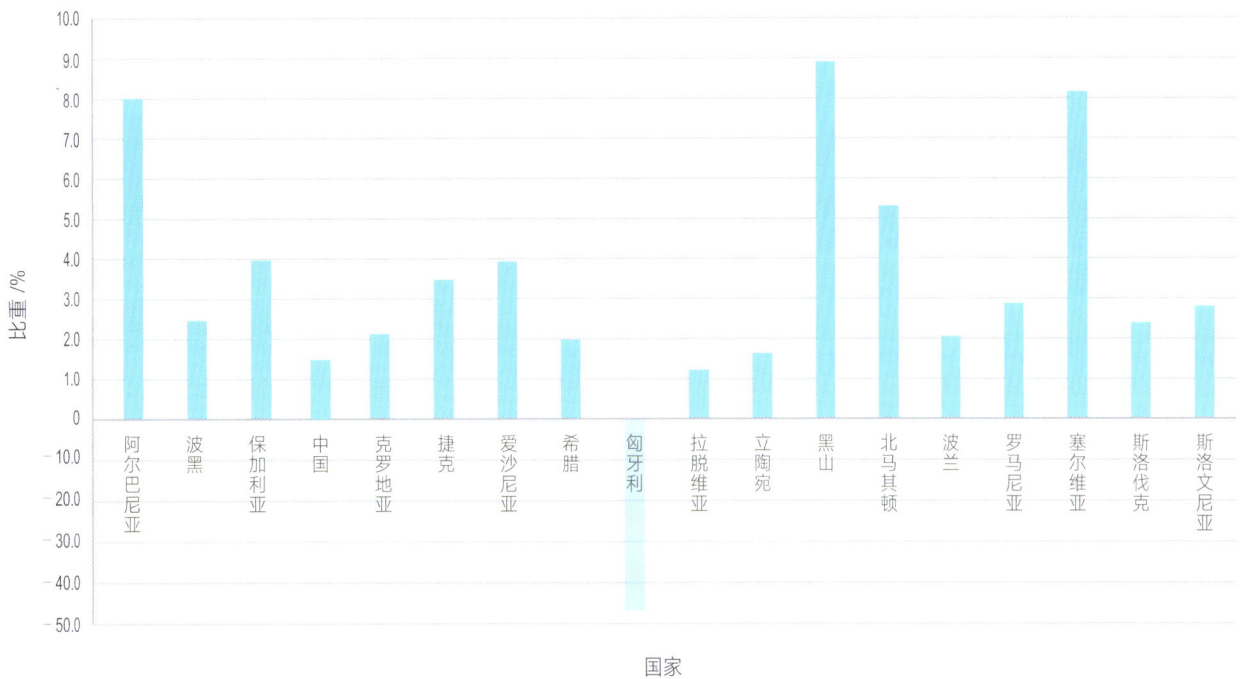

图 1-8 FDI 净流入占 GDP 比重（2018 年）

数据来源：世界银行（2018 年数据）。
详见附表 4。

论文是科学研究的重要产出形式，论文的规模、质量和影响力直接体现了一个国家的科研实力和知识创造能力，论文的国际合作程度显示出一个国家在世界合作网络和学术共同体中的位置和作用。本章从论文产出规模、论文学术影响力、论文国际合作和论文优势学科4个方面系统分析了2014—2018年中国—中东欧国家的科学研究现状。

2

2.1 论文产出规模

论文数量反映了科学研究产出规模的大小。18 个国家发表论文数量持续增长，部分国家科研实力明显增强。2014—2018 年，18 个国家共发表论文 206.9 万篇，在中东欧国家中，波兰、捷克和希腊发表论文最多，年均论文数量均超过 1 万篇。

从论文年均增速看，18 个国家论文年均增长率达 9.8%，其中，波黑、中国、拉脱维亚和黑山的年均增长率均超过 18 个国家平均水平（表 2-1）。

表 2-1 发表论文数量（2014—2018 年）

单位：篇

	2014 年	2015 年	2016 年	2017 年	2018 年	2014—2018 年
阿尔巴尼亚	195	187	212	214	253	1061
波黑	425	502	527	630	673	2757
保加利亚	2391	2389	2669	2896	2492	12 837
中国	259 934	290 459	321 044	357 197	407 476	1 636 110
克罗地亚	3643	3662	3952	4128	4395	19 780
捷克	12 738	13 461	13 988	14 662	14 916	69 765
爱沙尼亚	2060	2057	2300	2287	2289	10 993
希腊	11 416	11 462	12 058	12 222	12 268	59 426
匈牙利	7349	7496	7858	8135	8300	39 138
拉脱维亚	691	824	969	1007	1048	4539
立陶宛	2257	2516	2594	2666	2837	12 870
黑山	217	232	275	333	329	1386
北马其顿	437	428	502	484	455	2306
波兰	26 520	28 861	30 438	30 636	32 037	148 492
罗马尼亚	7803	8399	8569	8626	8666	42 063
塞尔维亚	5391	5388	5621	5579	5670	27 649
斯洛伐克	3788	3806	4031	4302	4245	20 172
斯洛文尼亚	4166	4341	4479	4372	4498	21 856

数据来源：科睿唯安，Web of Science 核心合集 ™。

论文产出效率可以用每千人年研究人员论文数来衡量。黑山、克罗地亚、罗马尼亚、爱沙尼亚、斯洛文尼亚、阿尔巴尼亚 6 个国家的论文产出效率相对较高，2017 年每千人年研究人员论文数均超过 450 篇；波黑、塞尔维亚、捷克等 10 个国家在 280~400 篇；中国和保加利亚在 200 篇左右。

从论文产出效率的变化看，与 2014 年相比，2017 年 2/3 的国家有所提高。其中，拉脱维亚和黑山的增长数量最多，约为 100 篇 / 千人年；拉脱维亚、北马其顿、黑山、立陶宛和中国的增幅最大，超过 20%（图 2-1）。

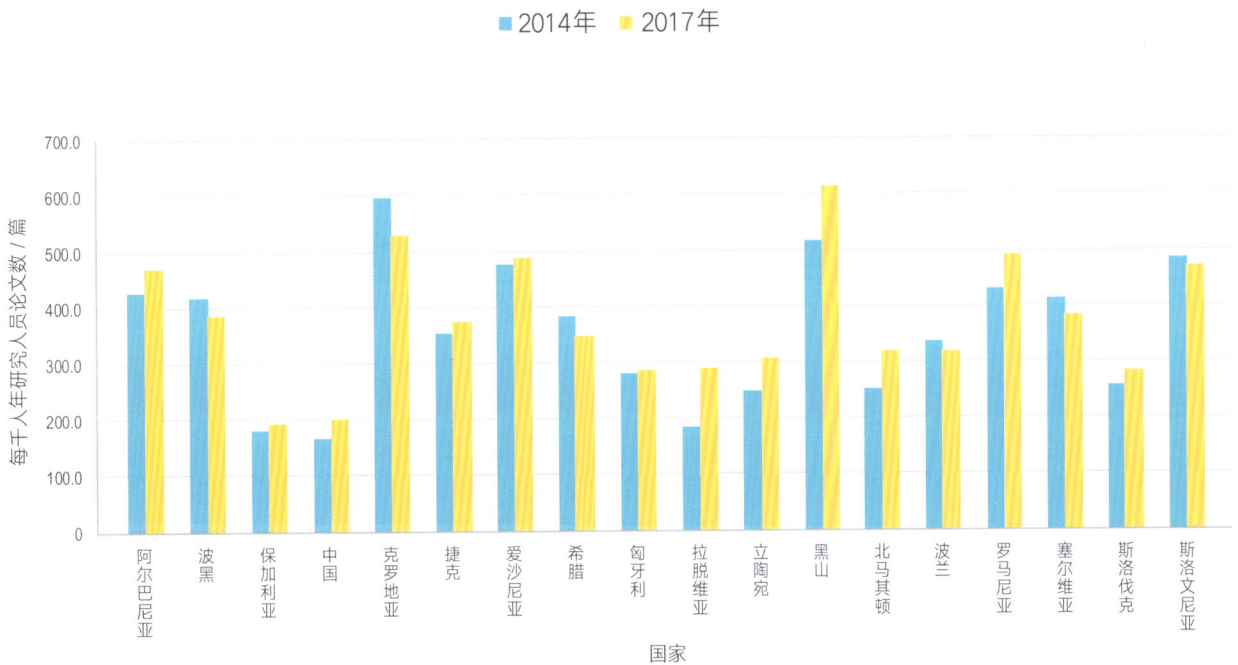

图 2-1　每千人年研究人员论文数

注：阿尔巴尼亚研究人员数根据人口数推算得到。黑山为 2014 年和 2016 年数据。
数据来源：科睿唯安，Web of Science 核心合集 ™；联合国教科文组织。
详见附表 5。

2.2 论文学术影响力

2.2.1 学科规范化引文影响力

学科规范化引文影响力（简称"引文影响力"）反映了论文的学术影响力。2018 年，18 个国家论文的平均引文影响力为 1.07，比 2014 年提升了 0.11，高于世界平均水平（0.97）。

2018 年，10 个国家的引文影响力超过 18 个国家平均水平，其中，爱沙尼亚、拉脱维业、希腊、保加利亚 4 个国家均超过 1.27。立陶宛、克罗地亚、罗马尼亚、斯洛伐克 4 个国家低于 18 个国家平均水平，但高于世界平均水平。塞尔维亚和波兰略低于世界平均水平，均高于 0.90；波黑和黑山则低于 0.75。

2018 年，大部分国家的引文影响力较 2014 年有所提升。其中，阿尔巴尼亚、保加利亚和拉脱维亚增幅最大，影响力提升了 0.33 以上，匈牙利、斯洛文尼亚、斯洛伐克、罗马尼亚和中国的增幅均超过 0.1（图 2-2）。

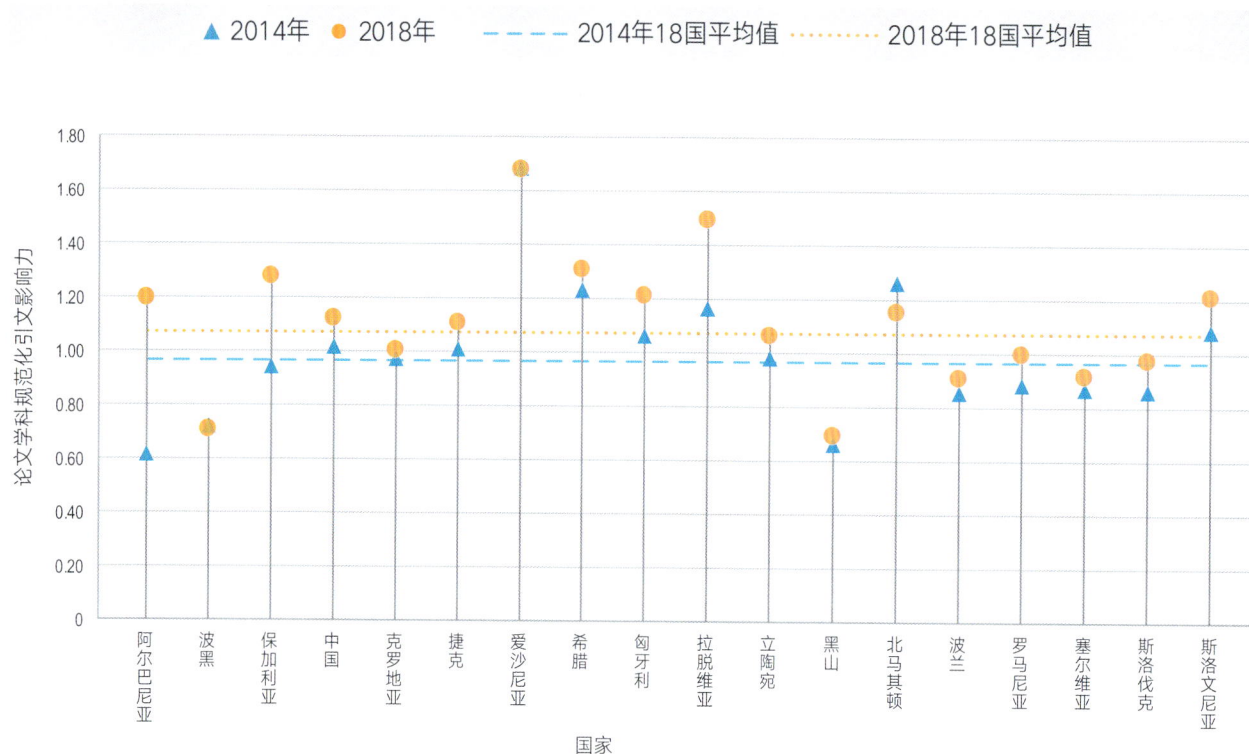

图 2-2 论文学科规范化引文影响力

数据来源：科睿唯安，Web of Science 核心合集 ™。
详见附表 6。

2.2.2 TOP10% 高被引论文

TOP10% 高被引论文占全部论文的比重衡量了一国具有较高影响力的科研成果的产出水平。2018 年，18 个国家高被引论文占比达 11.2%，但各国差别较大。其中，爱沙尼亚、拉脱维亚、希腊、中国等 7 个国家高于 18 个国家平均水平，最高值达 16.2%；匈牙利、立陶宛和捷克均高于 10%；波兰、塞尔维亚、波黑和黑山不足 8%，最低值为 5.8%。

与 2014 年相比，2018 年 18 个国家的 TOP10% 高被引论文占比提高了 0.5 个百分点。10 个国家的占比有所提高，其中，阿尔巴尼亚增幅最大，提高了 7.8 个百分点，其后为拉脱维亚、保加利亚，增幅在 3 个百分点左右。另外 8 个国家有所下降，但下降幅度不大（图 2-3）。

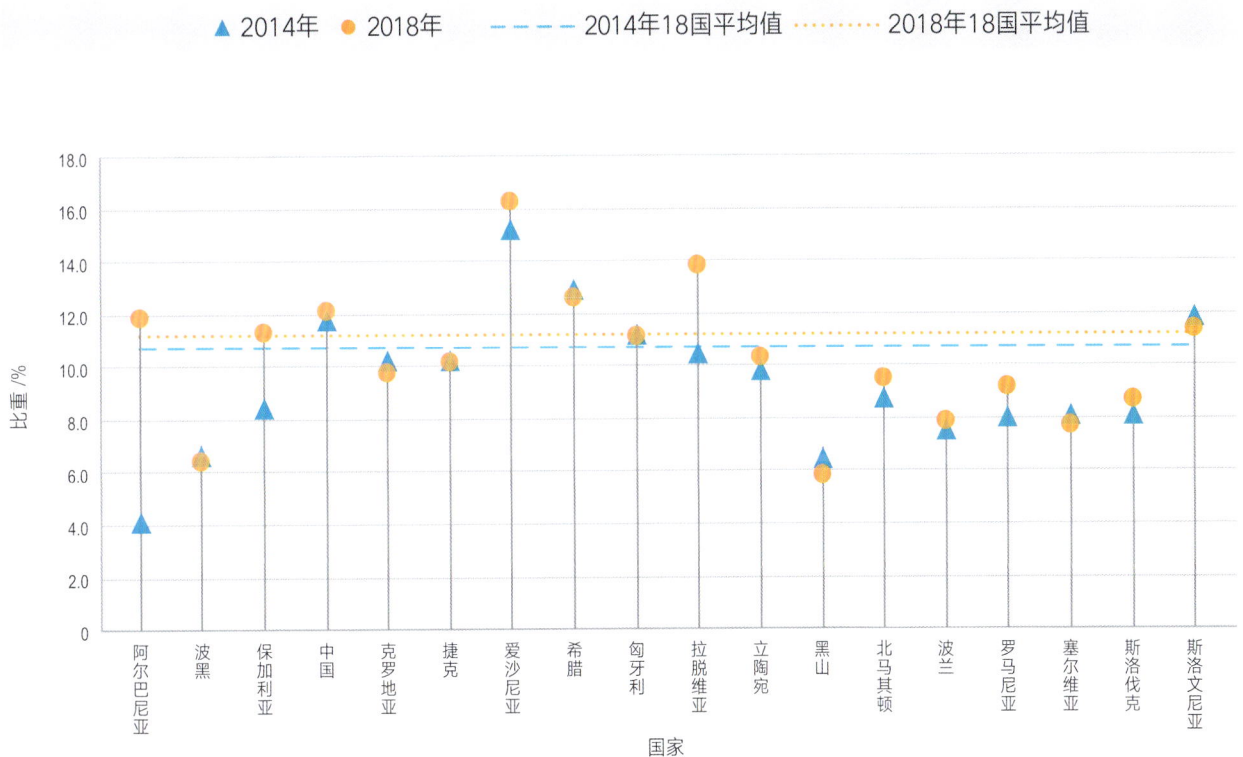

图 2-3 TOP10% 高被引论文比重

数据来源：科睿唯安，Web of Science 核心合集™。
详见附表 6。

2.2.3 Q1 期刊论文

Q1 期刊论文占全部论文的比重反映了一国在高影响力期刊发表论文的情况。2018 年，18 个国家 Q1 期刊论文占比达 43.6%，略高于世界整体水平（42.0%）。但这一比例主要源于中国大规模的论文数量，以及爱沙尼亚（49.5%）、中国（45.7%）、斯洛文尼亚（44.8%）和拉脱维亚（44.1%）较高的占比。但除这 4 个国家和希腊外，其他 13 个国家均低于世界整体水平。

与 2014 年相比，2018 年 18 个国家 Q1 期刊论文占比提升了 3.5 个百分点，在高影响力期刊发表论文的实力有所增强。13 个国家的占比有所增长，阿尔巴尼亚和拉脱维亚的增幅超过 13 个百分点。另外 5 个国家虽有所下降，但降幅均不超过 1 个百分点（图 2-4）。

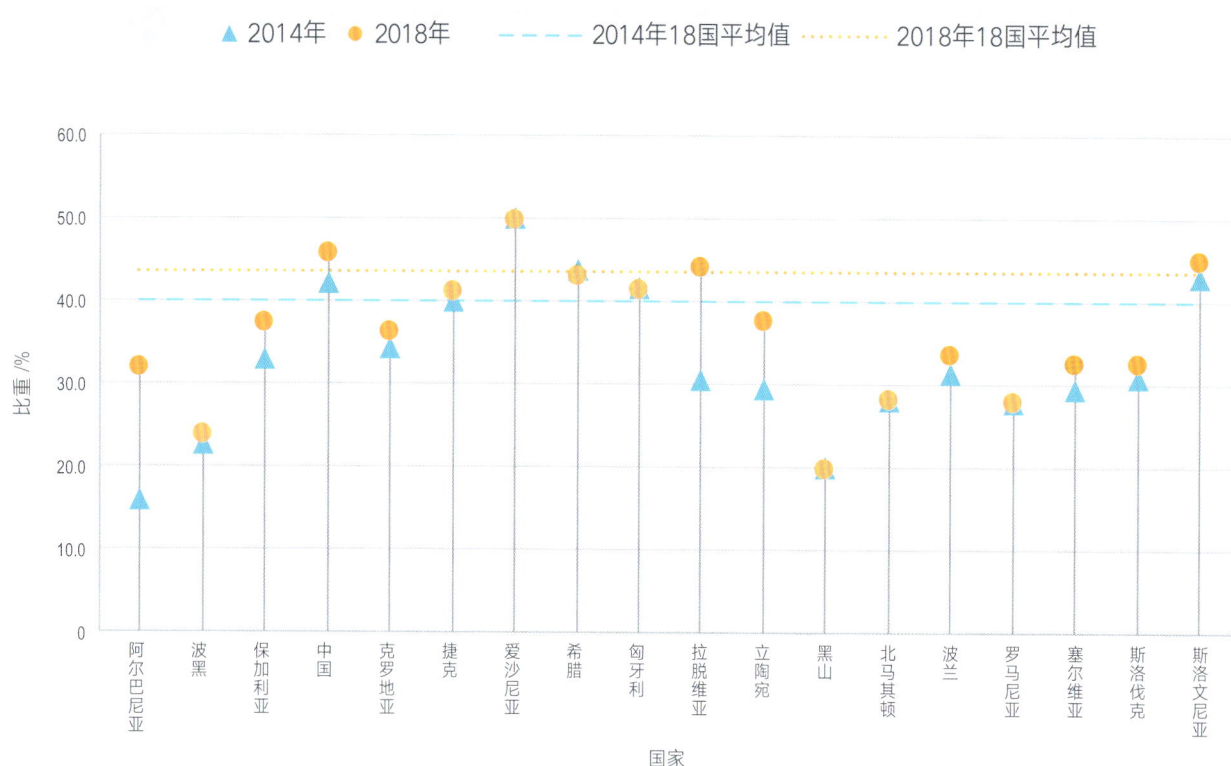

图 2-4　Q1 期刊论文比重

数据来源：科睿唯安，Web of Science 核心合集™。
详见附表 6。

2.2.4 域内论文引证关系

　　论文引证关系一定程度上体现了知识扩散的活跃程度和国家间科学研究的相互影响力。论文的总被引次数一定程度上受论文总量的影响，毫无疑问，中国、波兰、捷克、希腊和匈牙利的论文被域内国家引用的次数最多。除了这 5 个国家之外，部分中东欧国家会更多地引用周边国家的论文，如波黑更多地引用了塞尔维亚和克罗地亚的论文，拉脱维亚更多地引用了另外两个波罗的海国家——爱沙尼亚和立陶宛的论文（图 2-5）。

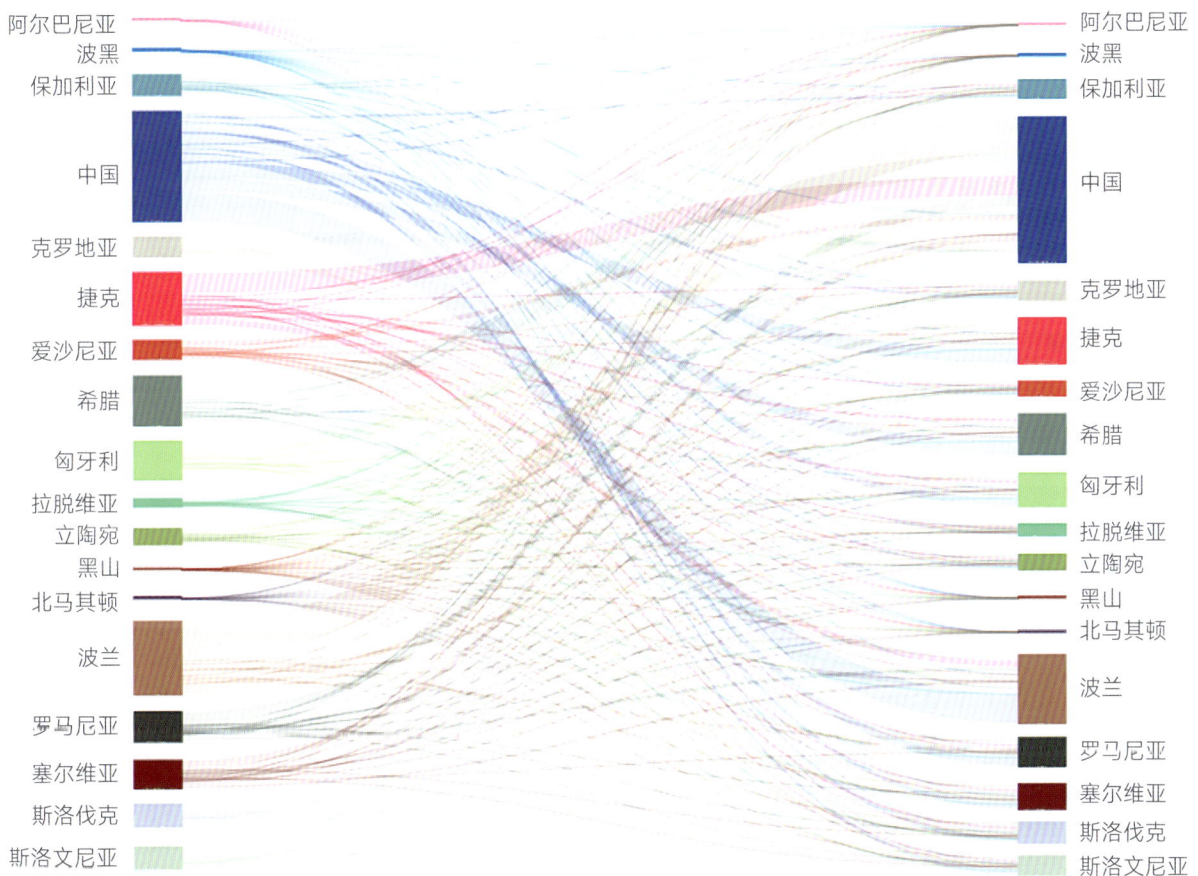

图 2-5　论文引证关系（2014—2018 年）

（左侧代表被引用国家，即论文来源国，方块大小代表其论文被引用的总次数；右侧代表引用国家，方块大小代表其引用他国论文的总次数；方块之间连线的粗细代表引用次数的多少）

数据来源：科睿唯安，Web of Science 核心合集 ™。

2.3 论文国际合作

2.3.1 国际合作论文

以国际合作为主是中东欧国家科学研究的关键特征。2018 年，14 个中东欧国家的国际合作论文占本国全部论文的比重超过一半，其中，阿尔巴尼亚、波黑、拉脱维亚和爱沙尼亚超过 70%，最高达 85.0%。而波兰和中国较低。

18 个国家的论文国际合作日趋活跃。与 2014 年相比，2018 年 18 个国家的国际合作论文数量均实现大幅增长。从国际合作论文占比看，阿尔巴尼亚、拉脱维亚、立陶宛等 6 个国家增长了 10 个百分点以上；波兰、罗马尼亚、中国的增幅较小，在 2~4 个百分点（图 2-6）。

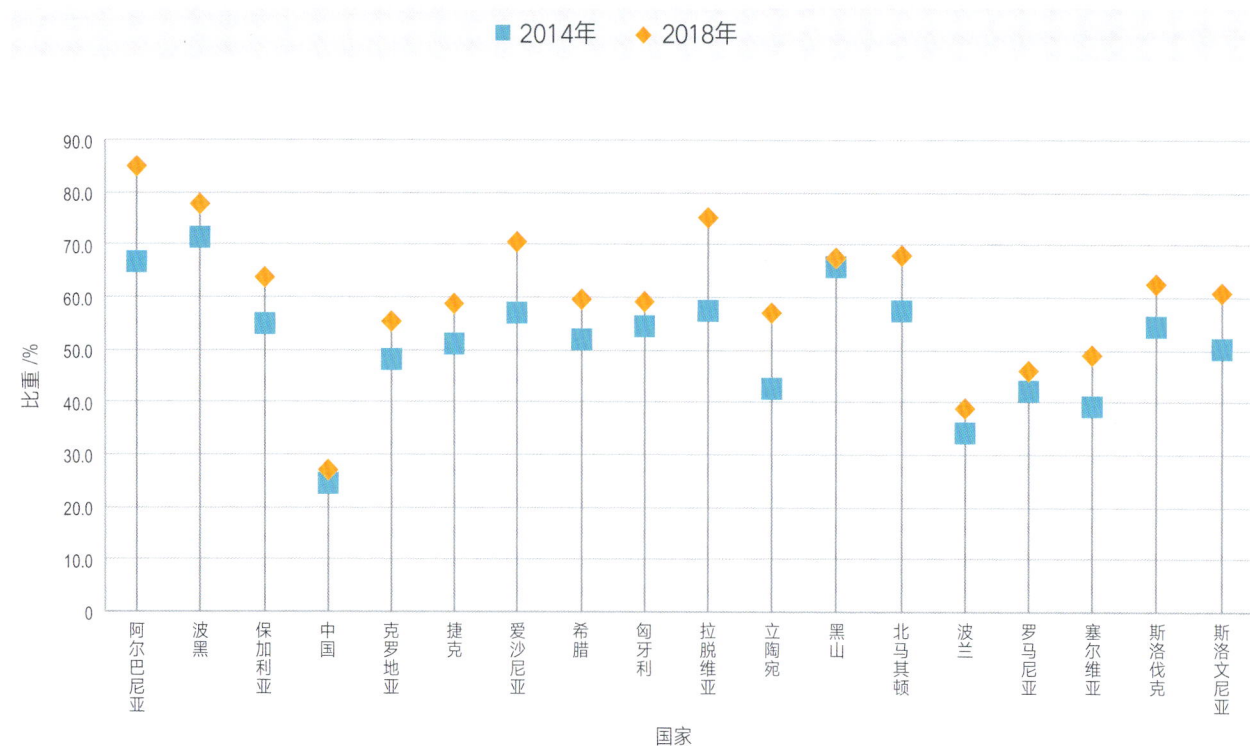

图 2-6　国际合作论文比重

数据来源：科睿唯安，Web of Science 核心合集™。
详见附表 7。

从引文影响力看，大部分国家的国际合作论文影响力相近。2018 年，18 个国家国际合作论文的平均引文影响力为 1.44，其中，爱沙尼亚、拉脱维亚、保加利亚和希腊最大，均超过 1.7；大部分国家在 1.25~1.65；黑山和波黑低于 1（图 2-7）。此外，18 个国家国际合作论文均比其全部论文的引文影响力要大（图 2-2）。

与 2014 年相比，2018 年 18 个国家国际合作论文的平均引文影响力提升了 0.07。其中，12 个国家有所提高，阿尔巴尼亚和保加利亚的提高幅度相对较大，分别为 0.53 和 0.35，爱沙尼亚和北马其顿的下降幅度较大，分别下降了 0.38 和 0.47。

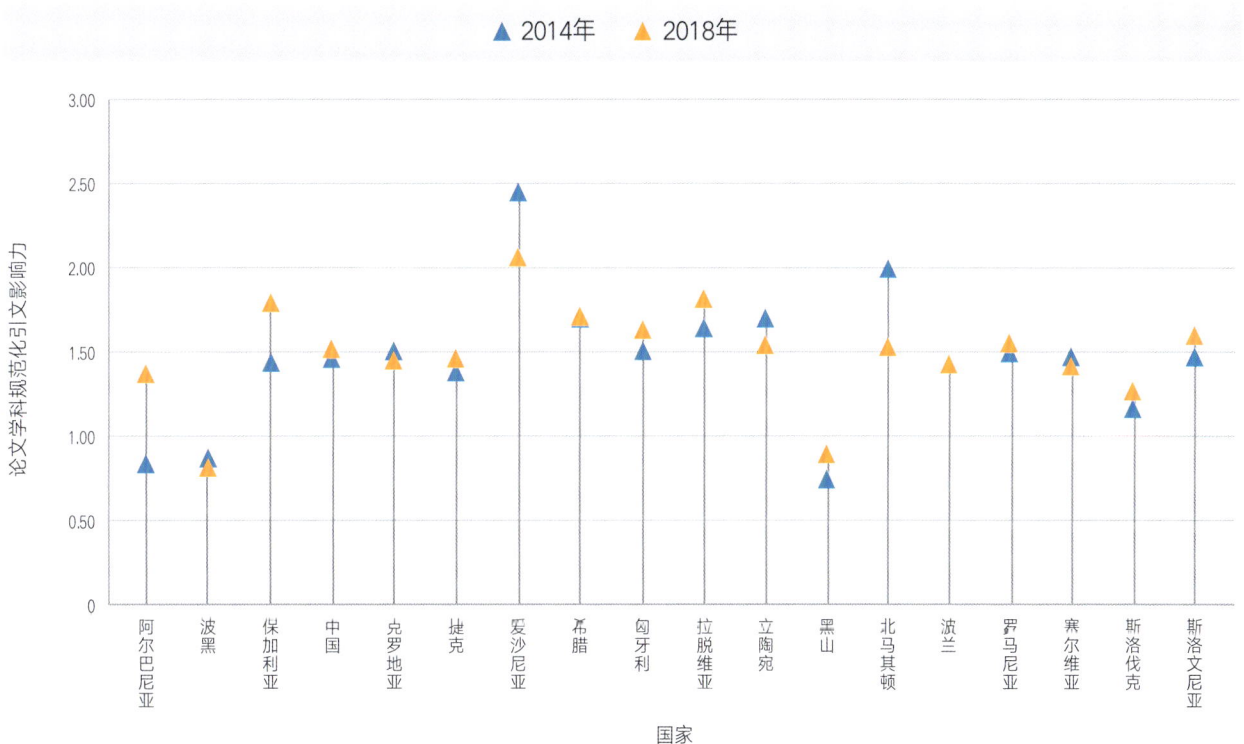

图 2-7　国际合作论文学术影响力

数据来源：科睿唯安，Web of Science 核心合集 ™。

详见附表 7。

2.3.2 域内国际合作论文

18 国间科研合作十分活跃。从 2014—2018 年域内国际合作论文累计数看，波兰、捷克和中国的域内合作最多，合作论文数均达 1.2 万篇以上；其后为匈牙利、希腊、斯洛伐克等 7 个国家，合作论文数在5000~9000 篇；其他国家则不足 4000 篇。

从引文影响力看，2014—2018 年，18 个国家域内国际合作论文的引文影响力为 0.8~3.8。爱沙尼亚、希腊和中国较高，均在 2.8 以上；其他大部分国家为 1.5~2.5（图 2-8）。

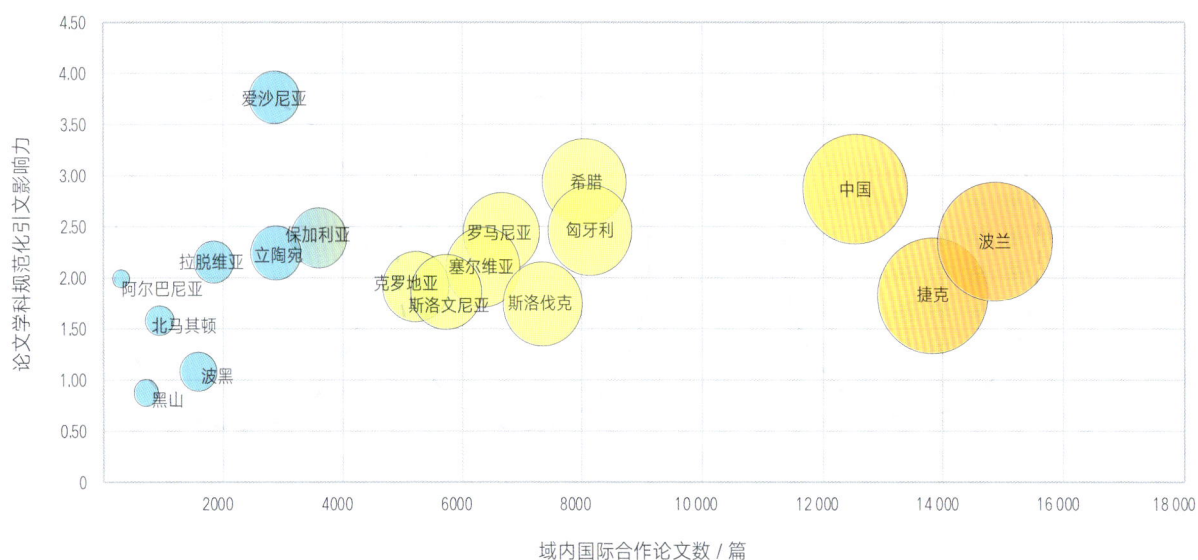

图 2-8 域内国际合作论文累计量及学术影响力（2014—2018 年）

（气泡大小表示域内国际合作论文数）

数据来源：科睿唯安，Web of Science 核心合集™。
详见附表 8。

域内国际合作在中东欧国家科研合作中占重要地位。2018 年，波黑、黑山、拉脱维亚等 8 个国家的域内国际合作论文数占本国全部国际合作论文数的比重达一半以上，最高达 80.3%；除波兰、希腊和中国外，其他国家的占比均在 30% 以上。

与 2014 年相比，2018 年所有国家的域内国际合作论文数都有所增长，17 个国家的域内国际合作论文数占本国全部国际合作论文数的比重有所上升。其中，拉脱维亚、阿尔巴尼亚和保加利亚均提高了 10 个百分点以上，立陶宛、匈牙利、斯洛伐克等 8 个国家均提高了 5 个百分点以上（图 2-9）。

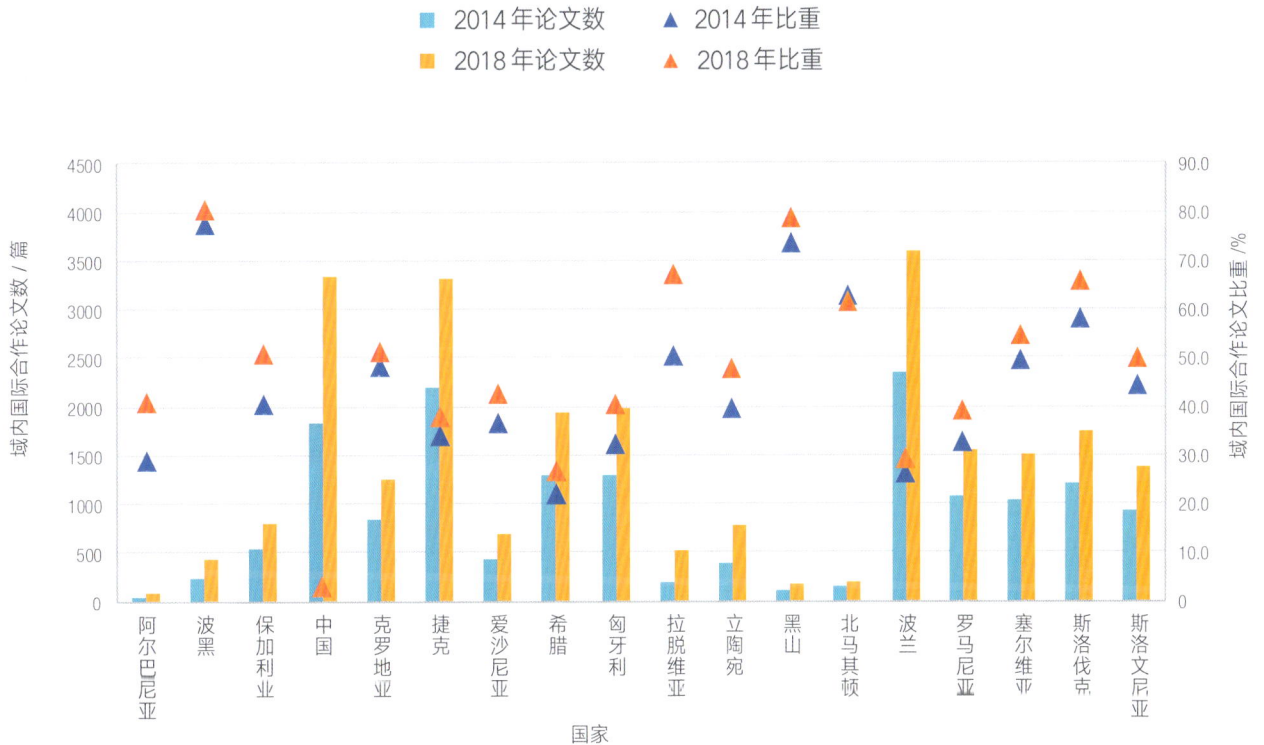

图 2-9 域内国际合作论文数量和比重

数据来源：科睿唯安，Web of Science 核心合集™。

详见附表 8。

随着科研合作密切程度的提高，域内论文合作关系网络的一些特征日益凸显。

波兰、中国、捷克、匈牙利和希腊是多数域内国家的主要合作伙伴，也是彼此间最重要的合作对象。2018年，波兰是保加利亚、中国、克罗地亚、立陶宛等10个国家最大的论文合作伙伴；中国与罗马尼亚、斯洛文尼亚、爱沙尼亚等9个国家的合作较多；捷克是保加利亚、克罗地亚、匈牙利、拉脱维亚等10个国家合作最多的前3位国家之一。大部分国家的论文合作关系相对稳定，与2014年相比，2018年越来越多的国家选择中国作为重要的论文合作伙伴。

域内论文合作关系受地理邻近性和历史传统的影响。波黑与其相邻的塞尔维亚和克罗地亚的合作论文最多，塞尔维亚是波黑、北马其顿和黑山最重要的论文合作伙伴，"波罗的海三国"彼此为重要的论文合作伙伴，捷克和斯洛伐克在域内合作对象中互为前两位（图2-10、图2-11）。

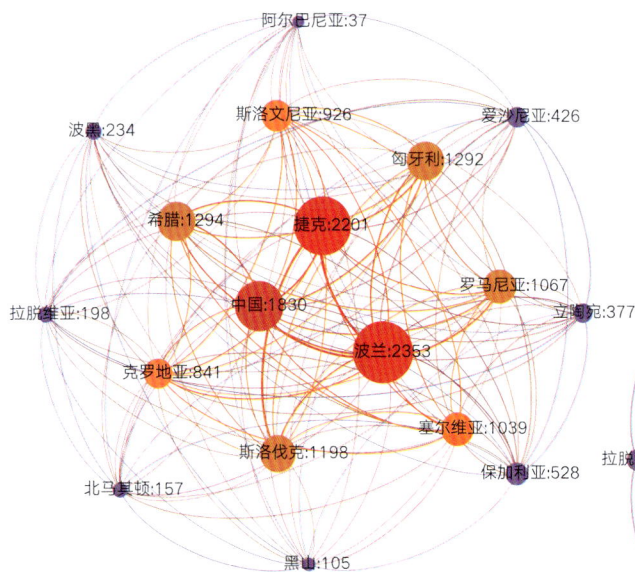

图 2-10 2014 年域内论文合作关系网络

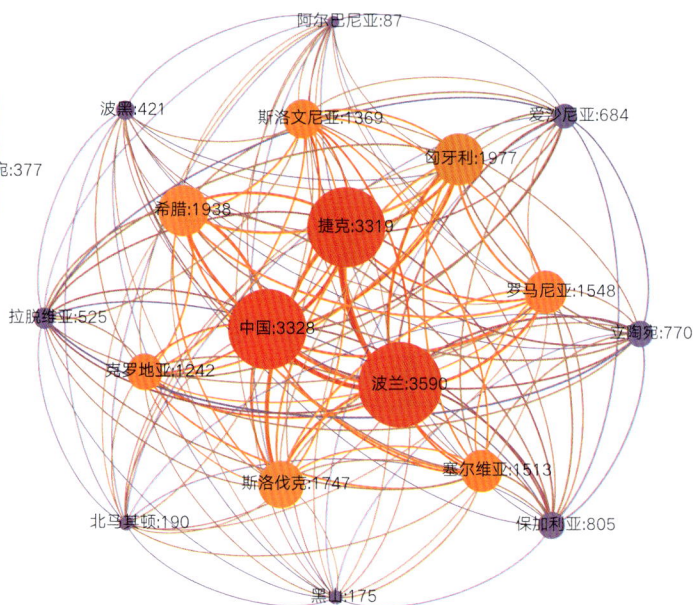

图 2-11 2018 年域内论文合作关系网络

（节点代表国家，节点的大小代表一国与域内其他国家合作论文的数量，节点的颜色从暖色到冷色代表合作论文数量逐步减小，具体排序为红色＞橙色＞紫色；节点间连线的粗细代表两国之间合作论文的数量多少）

数据来源：科睿唯安，Web of Science 核心合集 ™。

2.4 论文优势学科

选择各国论文优势学科同时考虑了学科论文的数量和影响力，数量要求保证了该学科论文要在国内形成一定规模，影响力要求保证了该学科论文要具有竞争力优势。具体而言，优势学科论文占本国全部论文的比重必须超过 3%，学科规范化引文影响力必须超过 0.5，并按照影响力大小排序，遴选出论文优势学科。学科分类采用 ESI 的 22 个学科类型。

从学科分布看，中东欧国家的论文优势学科具有相似性。临床医学最为突出，在10个国家中排名第一。第二是物理学，进入14个国家最具优势的3个学科行列，在7个国家中排名第一。第三是环境学/生态学，进入8个国家最具优势的3个学科行列。

从论文占比看，部分国家 3 个论文优势学科的差距较大，如希腊、拉脱维亚、波黑和阿尔巴尼亚的论文占比差距在 15 个百分点以上，学科发展更为集中；部分国家的差距较小，如罗马尼亚的差距不足 3 个百分点。

从引文影响力看，部分国家排名第一和第三的论文优势学科的差距较大，爱沙尼亚的差距达 3.50，拉脱维亚、斯洛伐克等 8 个国家的差距超过 1。部分国家的差距较小，中国的差距仅为 0.05，希腊、波兰、黑山和阿尔巴尼亚的差距不足 0.5（图 2-12）。

■ 论文学科规范化引文影响力　◆ 学科论文占比

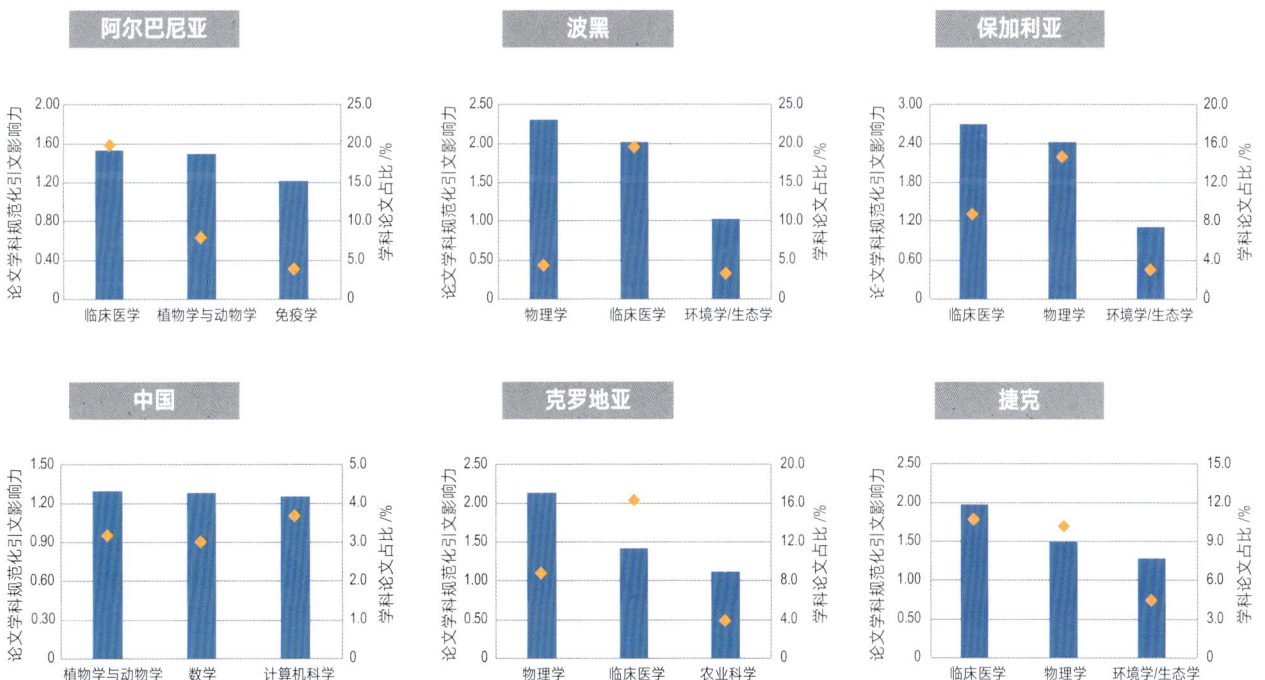

■ 论文学科规范化引文影响力　　◆ 学科论文占比

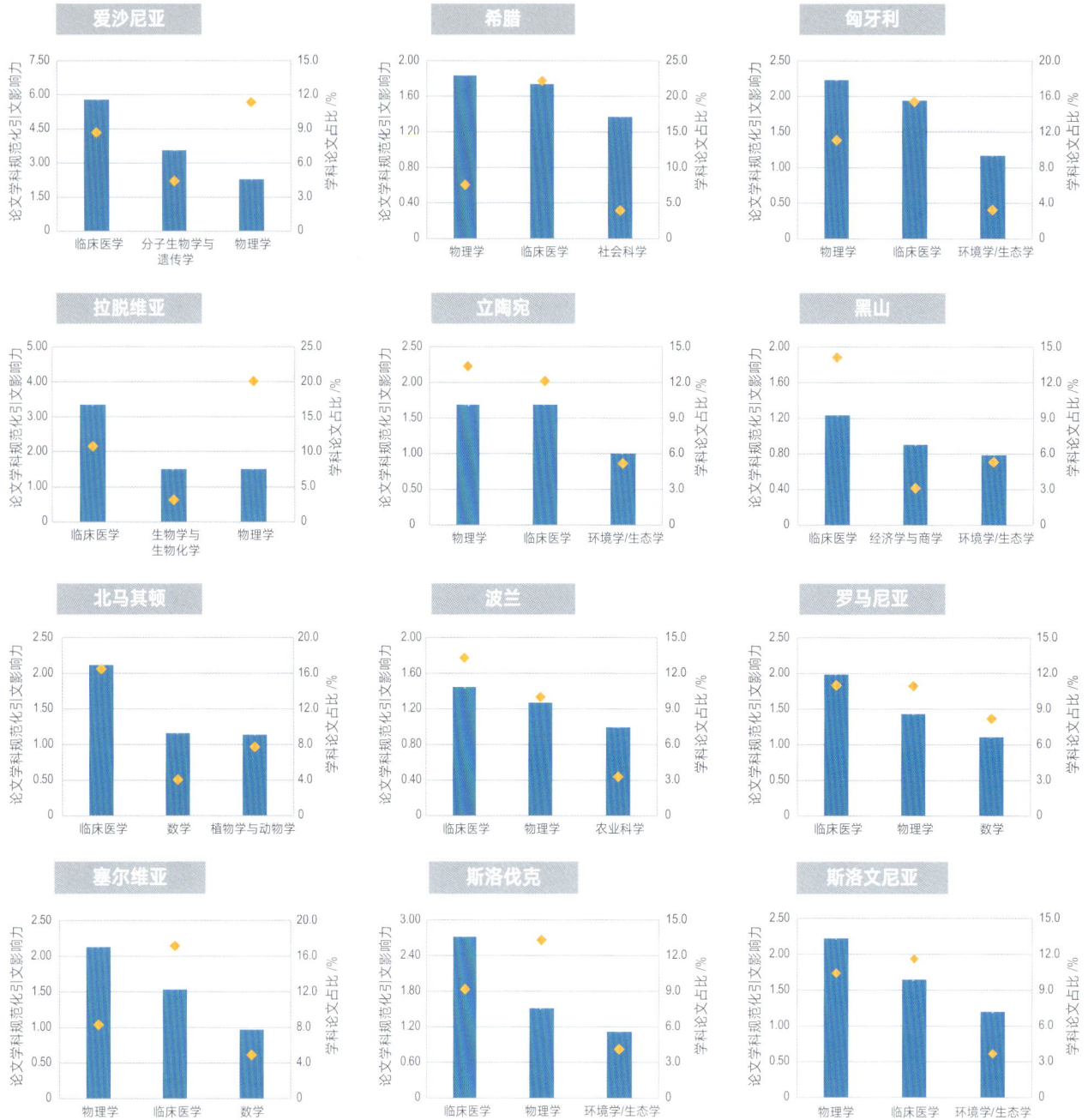

图 2-12　论文优势学科（2014—2018 年）

数据来源：科睿唯安，基本科学指标数据库™。
详见附表 9。

从定量角度看，一个国家技术发明的水平和能力可以通过专利的申请和拥有状况进行反映。发明专利作为一种重要的技术发明产出形式，其规模受一国的经济规模、科技活动规模和知识产权制度等因素影响。本章内容涉及中国和中东欧国家的发明专利申请和授权情况、专利产出效率和专利国际化程度，并通过专利的被引次数分析专利影响力和每个国家的优势技术领域。

3

第三章

中国—中东欧国家技术发明

3.1 专利产出规模

一个国家的发明专利申请量可以反映该国知识产权保护状况和技术发明活动的活跃程度。2014—2018 年，在 17 个中东欧国家中，捷克、希腊、匈牙利、波兰和罗马尼亚 5 个国家的发明专利年度申请量（即本国人在国内和国外的申请量之和）基本在 1000 件以上，保加利亚、斯洛伐克和斯洛文尼亚为 500 件左右，其他国家则低于 300 件。

从变化趋势看，波黑、中国、罗马尼亚和塞尔维亚 4 个国家的申请量呈现出增长的态势；阿尔巴尼亚、拉脱维亚、黑山、北马其顿、波兰等 7 个国家的申请量表现出较明显的波动；申请量基本保持稳定的国家包括保加利亚、克罗地亚、捷克、爱沙尼亚、希腊、匈牙利和立陶宛。

发明专利授权量规模主要受申请规模和专利审查制度等因素影响。2014—2018 年，保加利亚、中国、捷克、波兰和斯洛伐克 5 个国家的年度授权量（即本国人在国内和国外的授权量之和）表现出较明显的增长态势；阿尔巴尼亚、克罗地亚、拉脱维亚、黑山、北马其顿等 8 个国家存在不同程度的波动；波黑、爱沙尼亚、希腊、匈牙利和立陶宛 5 个国家相对稳定，没有较明显的变化（图 3-1）。

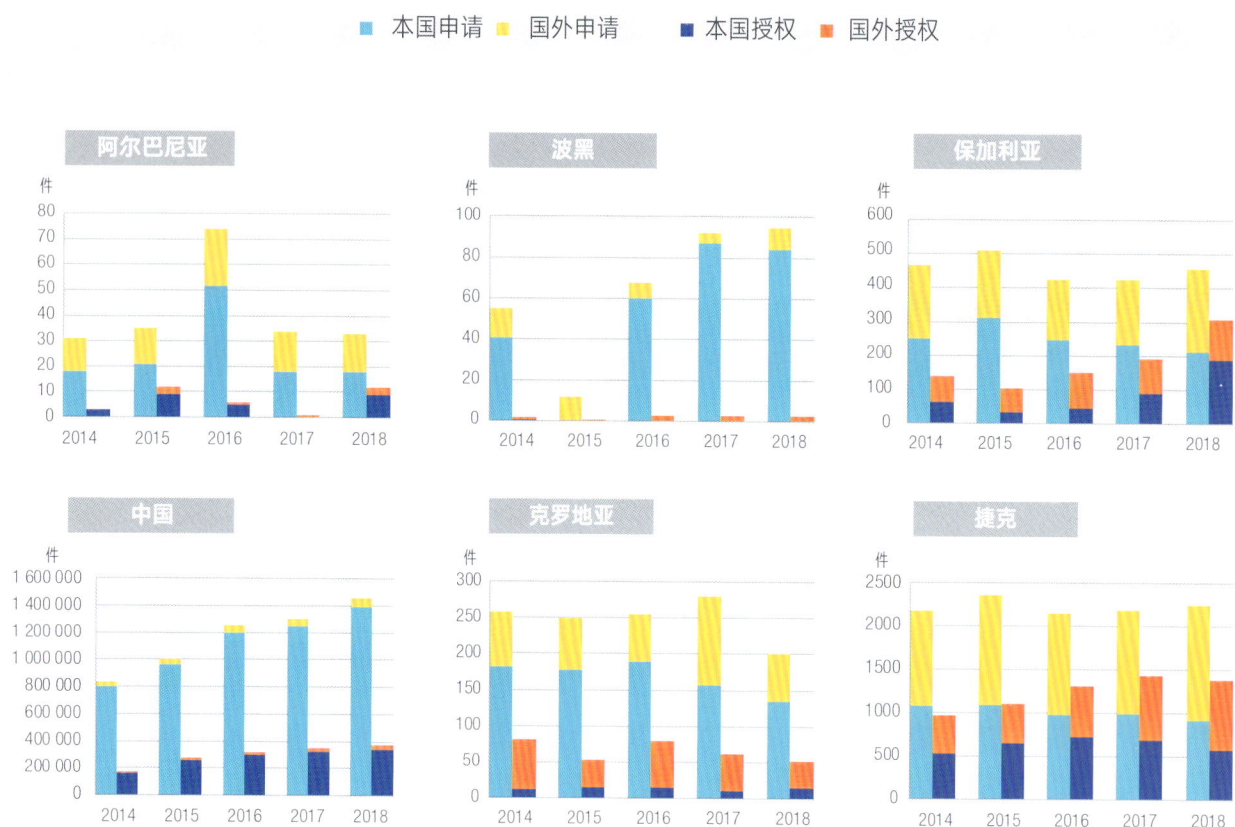

■ 本国申请　■ 国外申请　■ 本国授权　■ 国外授权

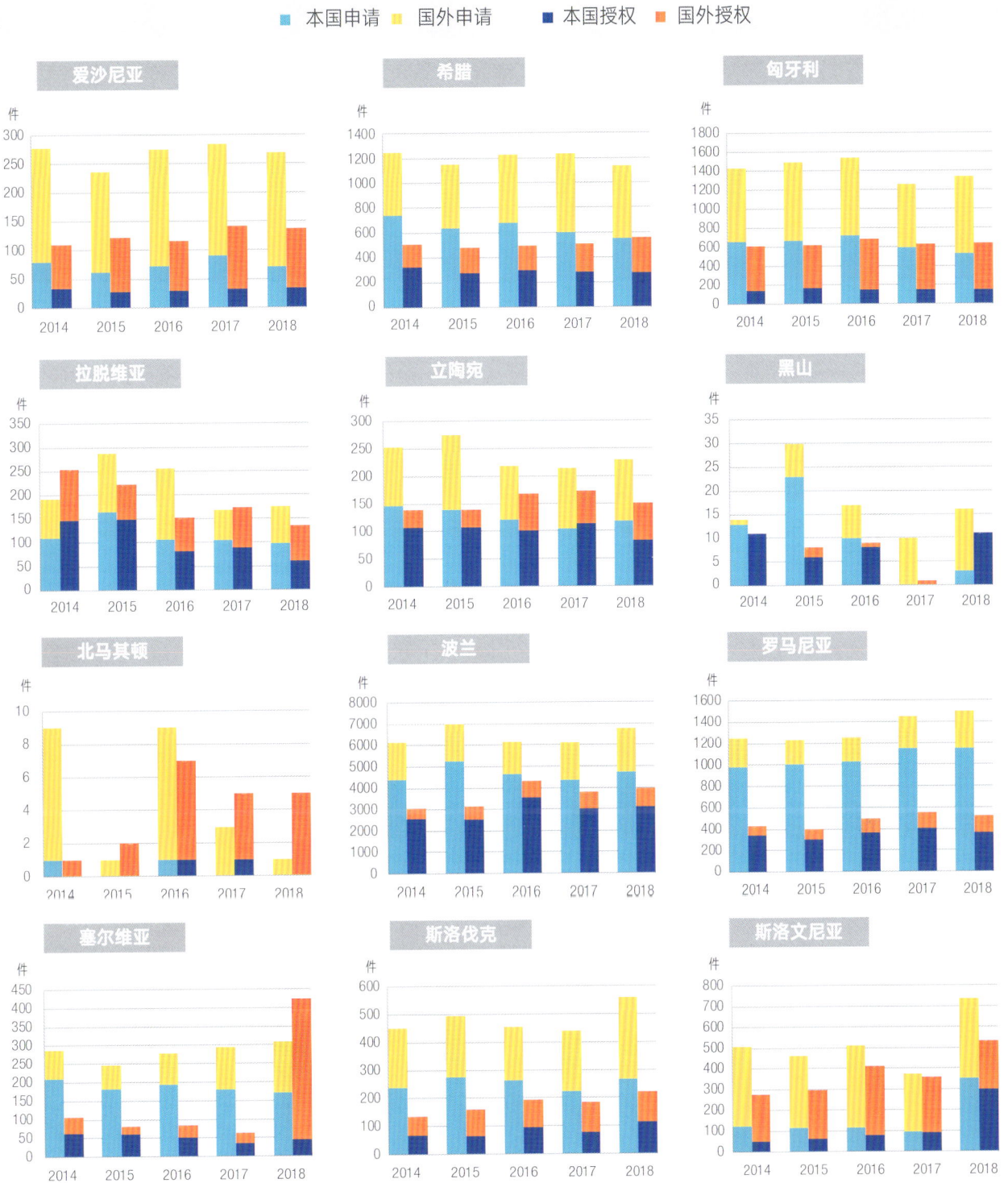

图 3-1 发明专利申请和授权情况（2014—2018 年）

数据来源：世界知识产权组织。
详见附表10。

一个国家的技术发明活动与经济活动规模密切相关。2018 年，17 个中东欧国家每 10 亿美元 GDP 的发明专利申请量平均水平为 8.0 件。斯洛文尼亚、波兰、爱沙尼亚、捷克和匈牙利高于 17 个国家的平均水平。保加利亚、罗马尼亚和塞尔维亚 3 个国家超过了 17 个中东欧国家平均水平的 80%。

与 2014 年相比，2018 年大部分中东欧国家每 10 亿美元 GDP 发明专利申请量出现了下降，只有斯洛文尼亚、斯洛伐克和波黑实现了提升，分别从 10.6 件、4.7 件和 3.1 件增加到 13.3 件、5.0 件和 4.7 件。2018 年，中国每 10 亿美元 GDP 的发明专利申请量为 135.2 件，较 2014 年提高了 34.2%（图 3-2）。

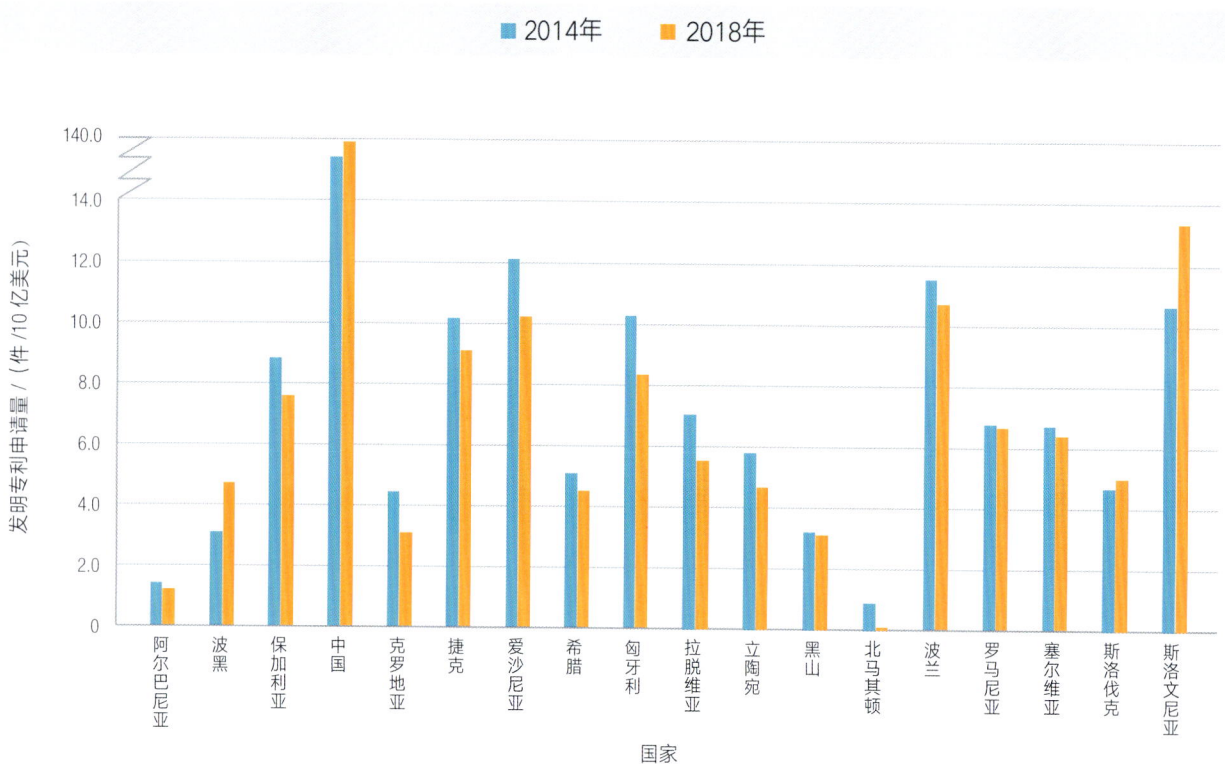

图 3-2 每 10 亿美元 GDP 的发明专利申请量

数据来源：世界银行；世界知识产权组织。
详见附表 11。

3.2 专利国际化

很多发明创造除了在本国提交专利申请外，还通过各种方式和渠道，向其他国家提交专利申请。通过 PCT 途径向国外提交专利申请，是发明人经常采用的一种向外国申请专利的方式。2010 年以来，全球 PCT 申请量以年均 6% 的增速持续增长。2018 年，全球 PCT 申请总量已达到 25.3 万件。其中，欧洲国家共提交 PCT 申请 6.2 万件，占全球 PCT 申请总量的 24.5%。

2018 年，17 个中东欧国家共提交 PCT 申请 1235 件。其中，波兰、捷克和匈牙利的 PCT 申请量位居前 3 位，分别为 334 件、180 件和 153 件。从近几年的变化趋势看，大多数国家发展较平稳。2018 年，中国在全球提交的 PCT 申请量为 5.3 万件，继续保持连续多年的增长态势（图 3-3）。

除了 PCT 途径外，各国发明人还会通过其他途径向外国提交专利申请。从图 3-1 可以看出，大部分中东欧国家在国外提交发明专利申请的比例较高。

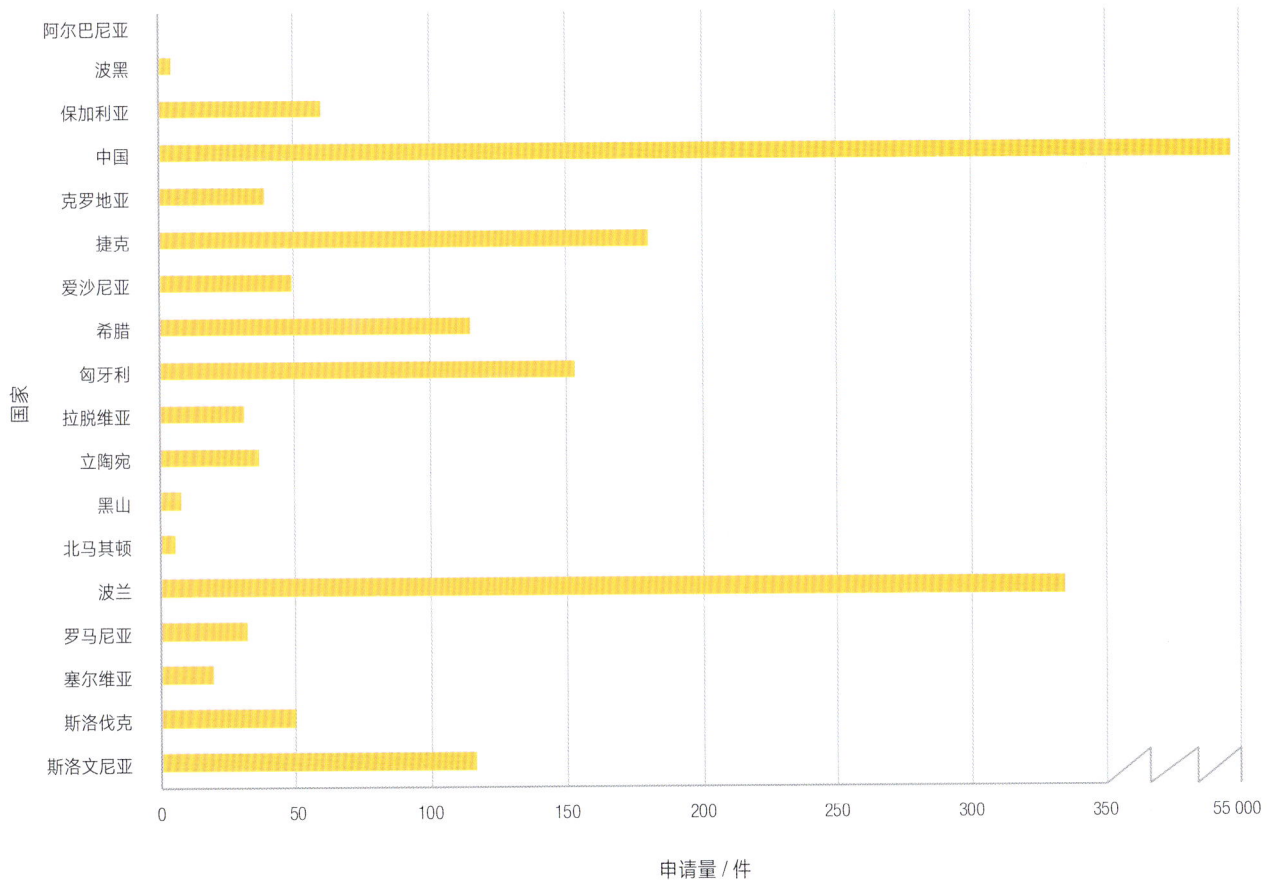

图 3-3 PCT 申请量（2018 年）

数据来源：世界知识产权组织。
详见附表 12。

为了剔除专利申请的本土优势，便于对不同国家的专利实力进行比较，通常以在主要国家或地区获得授权的专利数量作为衡量标准。图 3-4 是 2018 年中国和中东欧国家在美国专利商标局、欧洲专利局和日本特许厅获得授权的发明专利数量。2018 年，17 个中东欧国家在美日欧三地的发明专利授权总量为 1894 件，占其国外发明专利授权总量的 50.9%。其中，波兰、捷克和匈牙利 3 个国家在美日欧的发明专利授权量最多，分别为 512 件、471 件和 210 件。2018 年，中国获得美日欧授权的发明专利数量约为 2.2 万件。

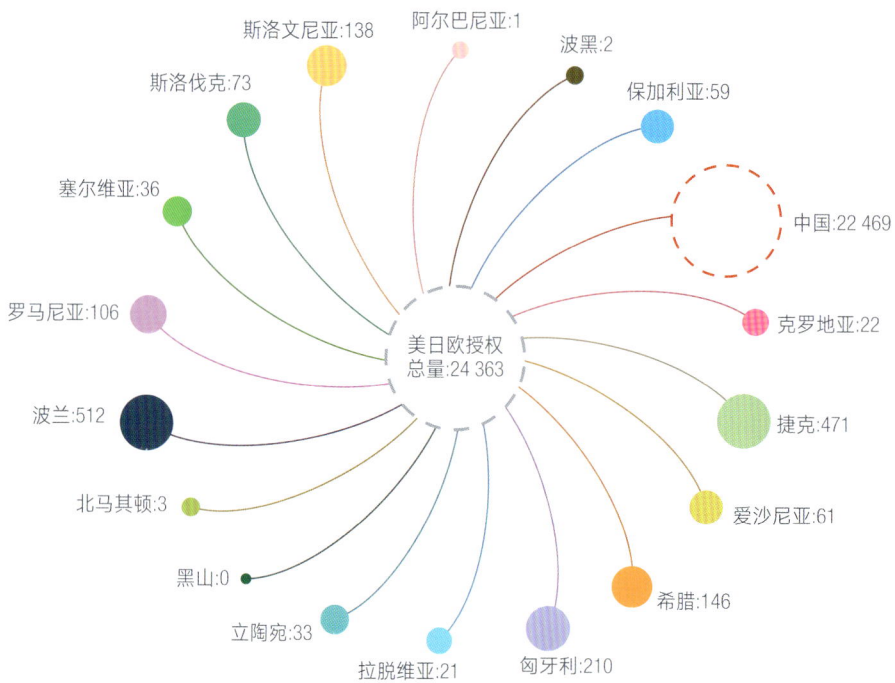

斯洛文尼亚:138　阿尔巴尼亚:1　波黑:2
斯洛伐克:73　保加利亚:59
塞尔维亚:36　中国:22 469
罗马尼亚:106　克罗地亚:22
美日欧授权总量:24 363
波兰:512　捷克:471
北马其顿:3　爱沙尼亚:61
黑山:0　希腊:146
立陶宛:33　拉脱维亚:21　匈牙利:210

图 3-4　获美日欧授权的发明专利数量（2018 年）

（圆圈大小表示数量，专利单位为件）

数据来源：世界知识产权组织。
详见附表 13。

3.3 专利影响力

专利的被引情况是衡量专利的质量和影响力的重要维度之一。本报告采用被引专利占全部专利比重和专利平均被引次数两项相对指标,对中国和中东欧国家的专利影响力进行分析。

从被引专利占全部专利比重看,中东欧国家大体集中在 3%~10%。中国、北马其顿和爱沙尼亚 3 个国家的指标值相对较高,均超过了 10%。占比处于 5%~10% 的国家有希腊、波黑、保加利亚、斯洛文尼亚、克罗地亚等 10 个国家。

从专利平均被引次数看,中东欧国家大体集中在 0.1~0.3 次。中国和爱沙尼亚两国的专利平均被引次数较高,分别为 0.60 次和 0.43 次。保加利亚、北马其顿、希腊和立陶宛 4 个国家的平均被引次数为 0.2~0.3 次。其他大部分国家的平均被引用次数为 0.1~0.2 次(图 3-5)。

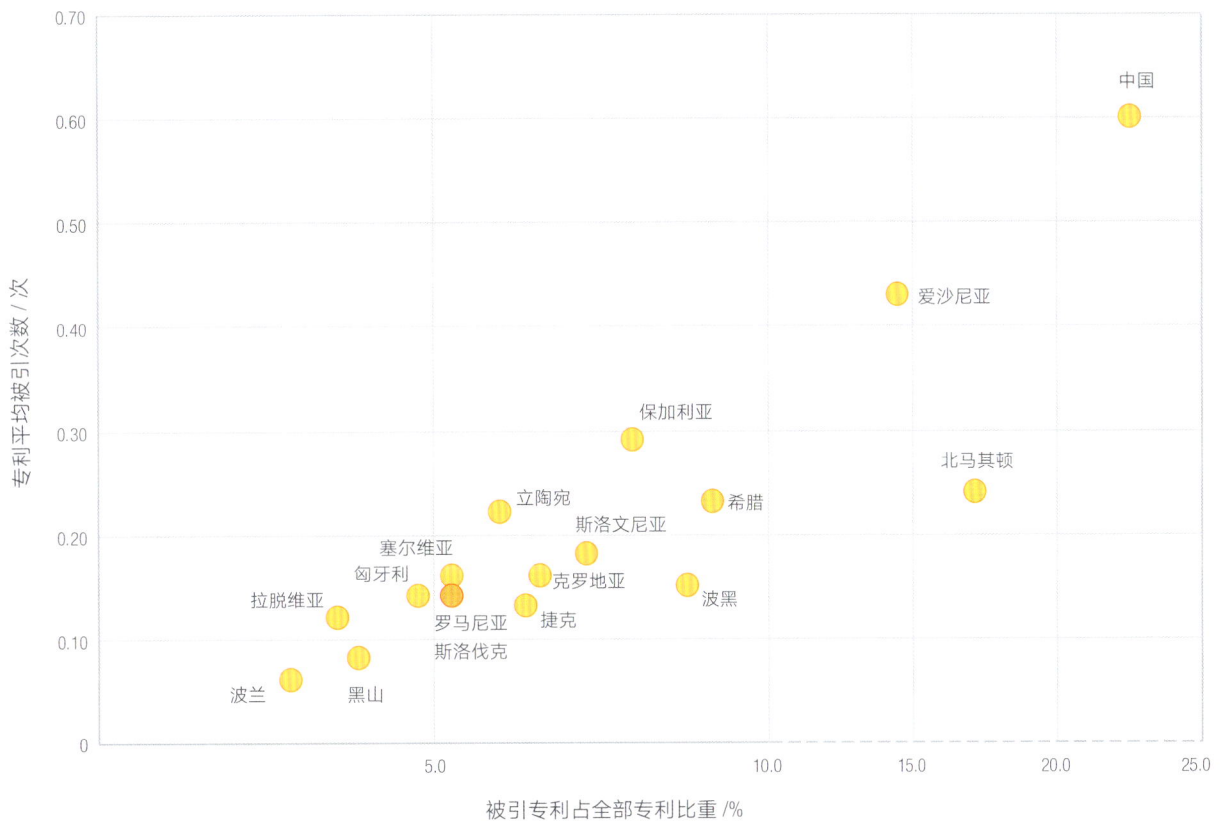

图 3-5 发明专利被引情况(2014—2018 年)

注:阿尔巴尼亚无数据。
数据来源:科睿唯安,德温特专利数据库 ™。
详见附表 14。

3.4 专利优势技术领域

在一个国家被引用的全部发明专利中，按照每件专利所属技术领域进行归类，可以找出该国具有影响力的优势技术领域。这些优势技术领域可能代表着未来新兴产业的发展方向。本报告基于德温特专利数据库™检索了中国和中东欧国家 2014—2018 年被引专利数量排名居前 50 位的技术领域，并从中遴选出各国排名居前 3 位的优势技术。

从 16 个国家优势技术领域的分布看，计算机是最重要的技术，在 11 个国家居于优势地位，其中在 5 个国家成为排名第 1 位的技术；其次是医用技术，进入了 10 个国家的优势技术领域，其中在 7 个国家是排名第 1 位的技术；排名居第 3 位的技术是发电机技术和卫生学，这两类技术均成为 5 个国家的优势技术领域。

从各个国家优势技术领域的分布看，约半数国家排名第一的技术占据绝对优势，被引次数远远超过另外两类技术。例如，中国的计算机技术专利被引次数高达 2000 次，而电传打字机和共聚物技术被引次数均不到 900 次；爱沙尼亚的计算机技术专利被引次数为 335 次，而电容器和容器技术被引次数均不到 90 次。还有一些国家的技术领域分布较均衡，如波兰和罗马尼亚每项技术专利的被引次数差异不大（图 3-6）。

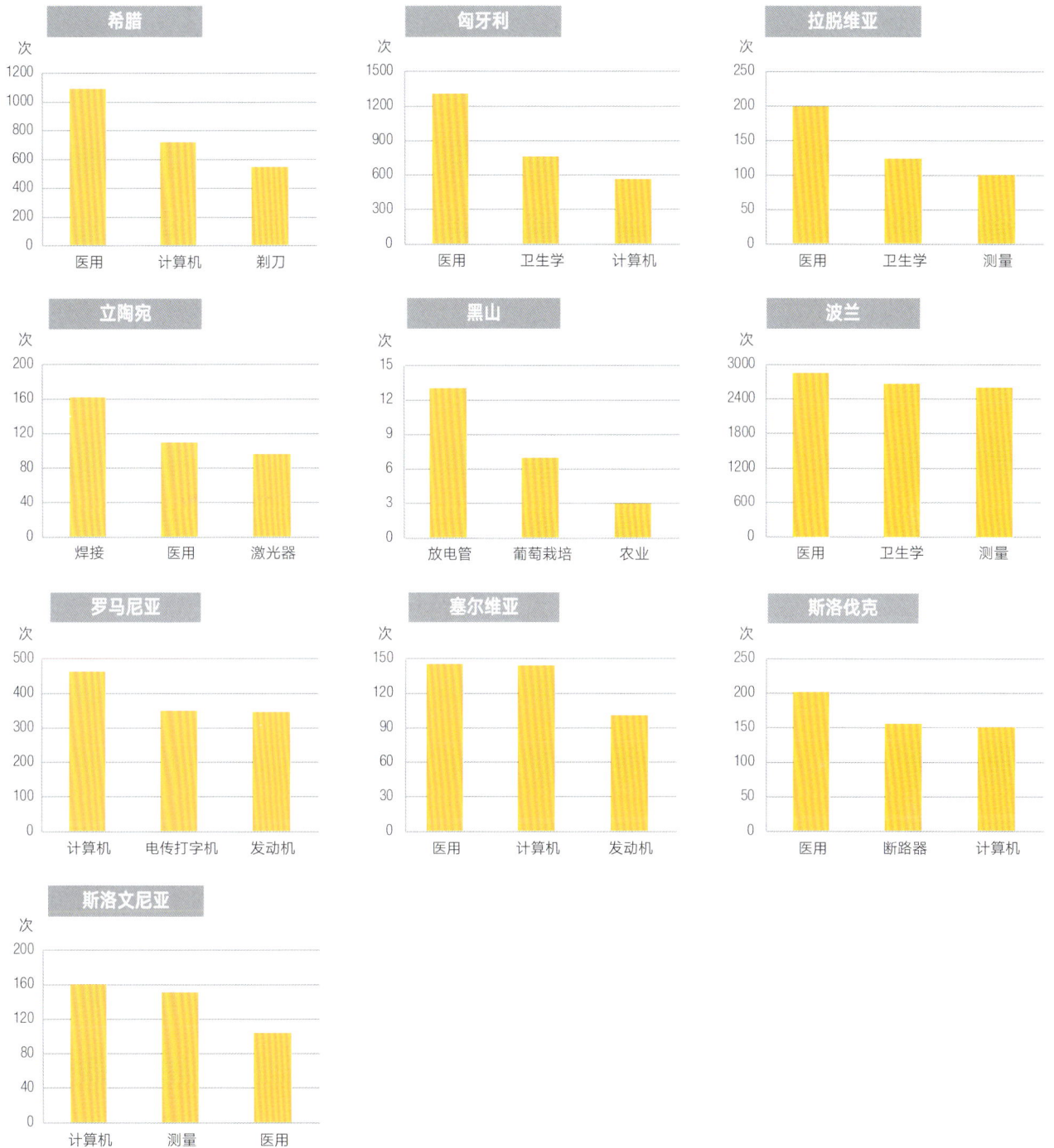

图 3-6 专利被引次数排名居前 3 位的技术领域（2014—2018 年）

注：阿尔巴尼亚和北马其顿无数据。
数据来源：科睿唯安，德温特专利数据库™。
详见附表 15。

企业为了在市场中建立和保持竞争优势，进而获得更多市场份额和利润，通常会开展以研发为核心的创新活动。企业开展创新活动的状况和成效，已成为影响企业、产业、区域和国家创新实力和竞争力的决定性因素。本章基于2017年欧盟创新调查（CIS 2016）和中国企业创新调查结果，分析了中国和中东欧国家企业开展创新活动的投入产出状况和影响因素。

4

第四章

中国—中东欧国家企业创新

4.1 创新活动规模

4.2 合作创新状况

4.3 创新经费支出

4.4 创新成果的知识产权保护

4.5 创新的阻碍因素

4.1 创新活动规模

一国全部企业中开展创新活动的企业所占比重，反映了该国企业的创新活跃程度。中国和中东欧国家企业中，开展创新活动的企业所占比重存在比较大的差异。希腊和立陶宛两国开展创新活动的企业占比最高，均超过50%。克罗地亚、爱沙尼亚、捷克和塞尔维亚4个国家开展创新活动的企业占比也较高，介于40%~50%。斯洛文尼亚、中国、北马其顿、斯洛伐克和拉脱维亚5个国家的创新企业占比处于30%~40%。

产品创新和工艺创新是企业开展的两种最主要的创新活动，对制造业企业尤其重要。开展创新活动的企业中有产品或工艺创新的企业占比超过70%的国家有13个，其中占比超过80%的国家有爱沙尼亚、希腊、塞尔维亚、立陶宛、捷克和波兰，爱沙尼亚甚至高达93.1%。中国的这一比例相对较低，为67.8%（图4-1）。

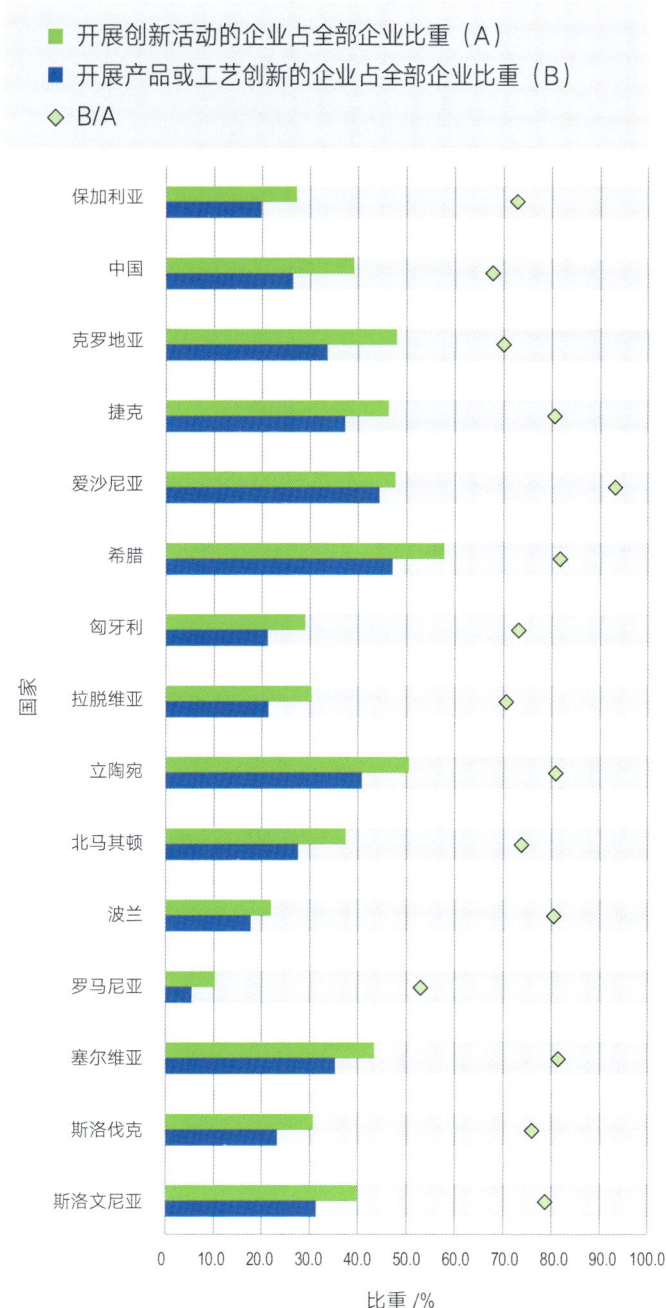

图例：
- ■ 开展创新活动的企业占全部企业比重（A）
- ■ 开展产品或工艺创新的企业占全部企业比重（B）
- ◇ B/A

图 4-1　开展创新活动的企业占全部企业比重（2016 年）

注：阿尔巴尼亚、波黑和黑山无数据。

数据来源：欧洲统计局；国家统计局社会科技和文化产业统计司，《全国企业创新调查年鉴 2017》。

详见附表16。

4.2 合作创新状况

　　企业可以通过多种方式开展创新活动，除了独立进行内部研发和创新外，还要与外部机构或组织进行合作创新。例如，企业可以与集团内部企业或外部企业合作，也可以与高校、研究机构合作，还可以与国外的机构进行合作。开展创新活动的企业中有合作创新的企业占比高低，仅仅反映了一国产学研合作的发展状况，与企业创新水平和创新活动程度没有必然关联性。

　　2016 年，从中国和中东欧国家开展产品或工艺创新的企业中有合作创新的企业所占比重看，中国是唯一超过 60% 的国家，为62.5%；爱沙尼亚是唯一超过50%的中东欧国家；希腊、斯洛文尼亚、立陶宛和斯洛伐克 4 个国家的比重超过了40%（图 4-2）。

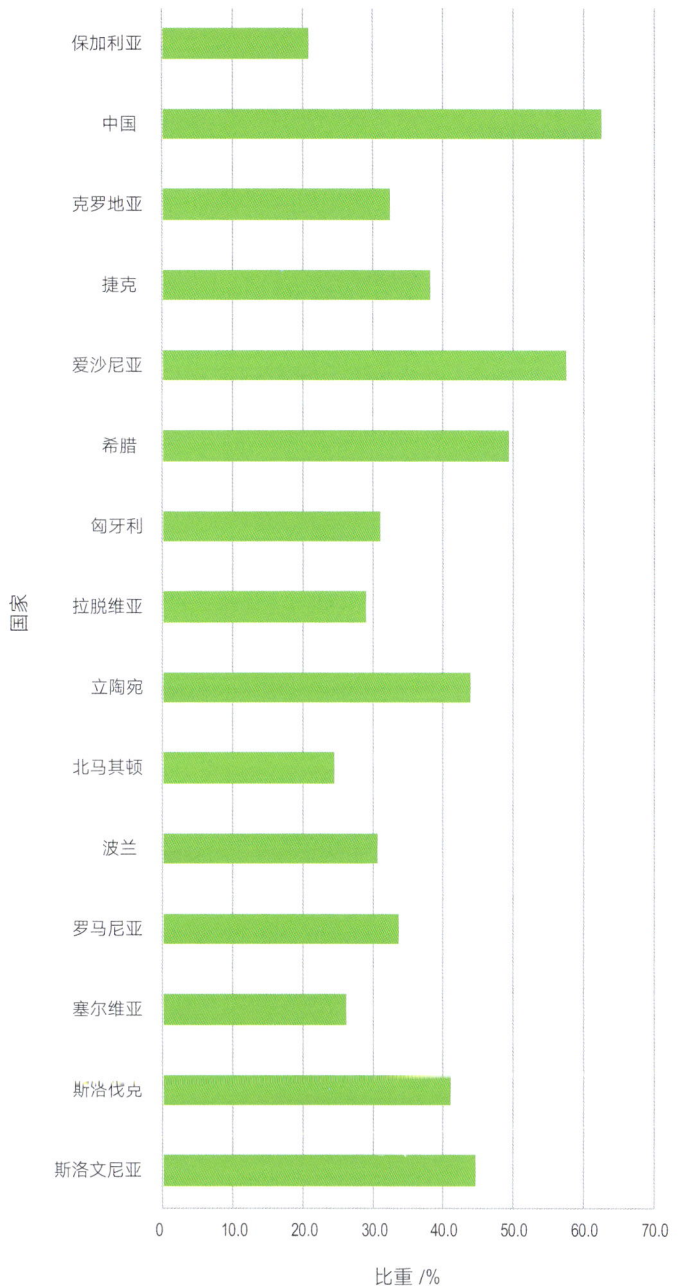

图 4-2　开展产品或工艺创新的企业中有合作创新的企业所占比重（2016 年）

注：阿尔巴尼亚、波黑和黑山无数据。
数据来源：欧洲统计局；国家统计局社会科技和文化产业统计司，《全国企业创新调查年鉴 2017》。
详见附表 17。

4.3 创新经费支出

创新经费支出是开展创新活动的先决条件和重要保障。产品和工艺创新的经费按照用途划分，包括内部研发经费支出，外部研发经费支出，获得机器、设备和软件经费支出，获取外部知识经费支出及其他经费支出。一般而言，内部研发经费支出与获得机器、设备和软件的经费支出在创新经费支出中占有较大比例。

从产品和工艺创新的内部研发经费支出所占比重看，在 18 个国家中，中国所占比重最高，为 62.6%，表明中国的大部分创新经费都用于自主研发活动。内部研发经费占比较高的国家还有斯洛文尼亚和罗马尼亚，均超过了 40%。

在内部研发经费支出占比低的国家中，一些国家用于获得机器、设备和软件的经费支出往往占有较高的比重。例如，北马其顿的内部研发经费支出仅占 3.2%，而获得机器、设备和软件的经费支出占比高达 88.8%。立陶宛、拉脱维亚、塞尔维亚、克罗地亚和波兰的内部研发经费支出占比均不到 20%，而用于获得机器、设备和软件的经费支出占比均在 65% 以上（图 4-3）。

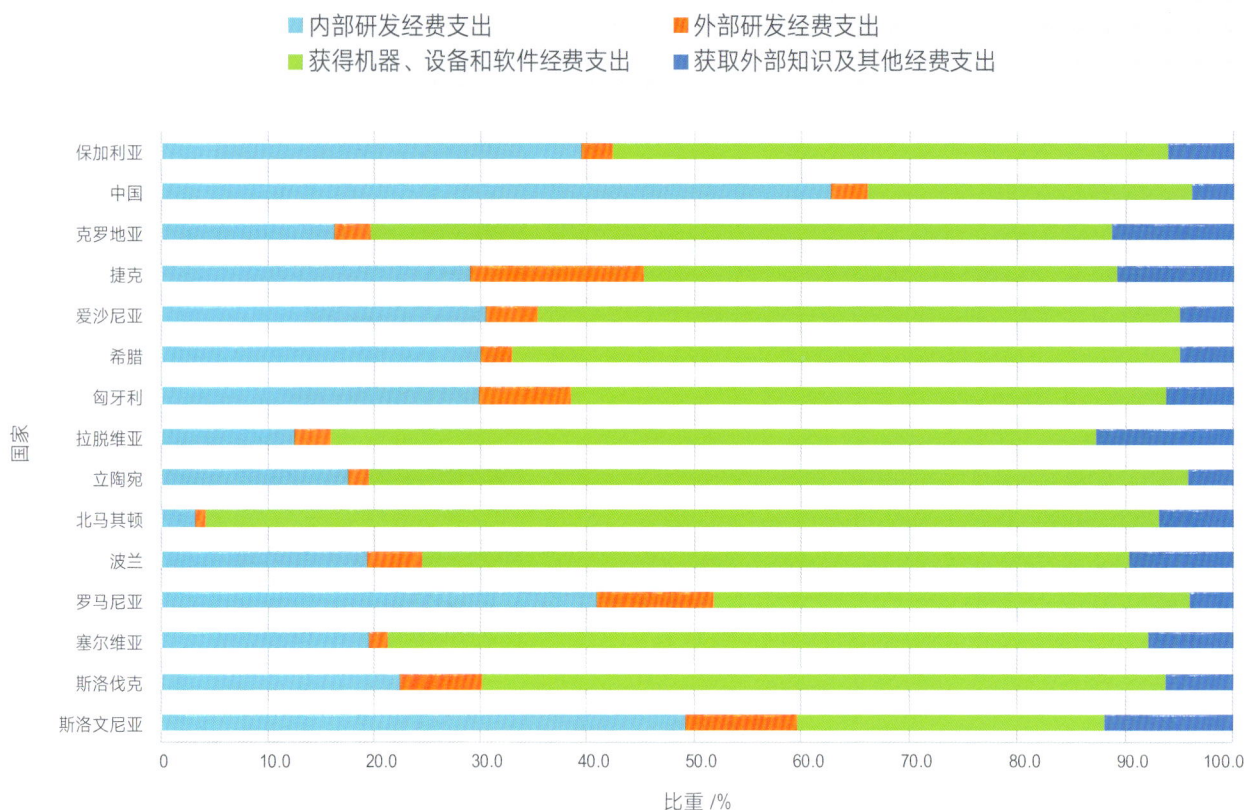

图 4-3 产品或工艺创新企业创新经费支出构成（2016 年）

注：阿尔巴尼亚、波黑和黑山无数据。

数据来源：欧洲统计局；国家统计局社会科技和文化产业统计司，《全国企业创新调查年鉴 2017》。

详见附表 18。

4.4 创新成果的知识产权保护

为了保持创新的领先优势，企业会采取多种方式对其创新成果的知识产权实施保护。企业通常采取的知识产权保护方式包括：专利保护（包括发明专利、实用新型专利和外观设计专利）、商标保护、版权保护和商业秘密保护。

通过专利保护创新成果是一种相对成熟的知识产权保护方式，而从创新调查结果看，选择这种保护方式的企业所占比例并不高，每一种专利保护方式的占比均未超过 10%。例如，保加利亚选择发明专利保护的企业占比最高，为 7.9%；捷克选择实用新型专利保护的企业占比最高，为 6.5%；塞尔维亚选择外观设计专利保护的企业占比最高，为 7.2%。

大部分国家选择商标保护的企业占比都超过了 10%，希腊、保加利亚和捷克 3 个国家最高，分别为 19.2%、19.1% 和 15.5%。版权保护是企业较少采用的一种知识产权保护方式，仅有塞尔维亚和波兰两国的企业占比超过 10%，其他大部分国家的企业占比均在 5% 以下。很多企业选择了商业秘密保护方式。捷克选择该方式的企业最多，占比高达 33.9%。企业占比超过 10% 的国家还有克罗地亚、波兰、中国和塞尔维亚（图 4-4）。

■ 发明专利保护　■ 实用新型专利保护　■ 外观设计专利保护　■ 商标保护　■ 版权保护　■ 商业秘密保护

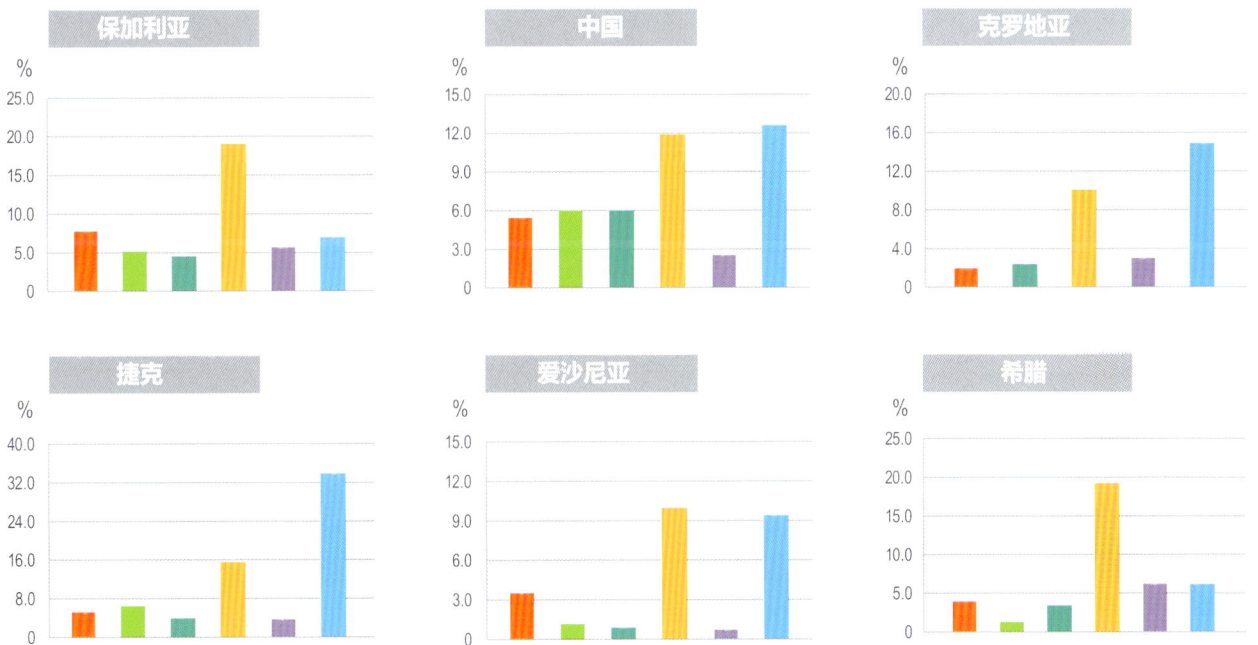

■ 发明专利保护　■ 实用新型专利保护　■ 外观设计专利保护　■ 商标保护　■ 版权保护　■ 商业秘密保护

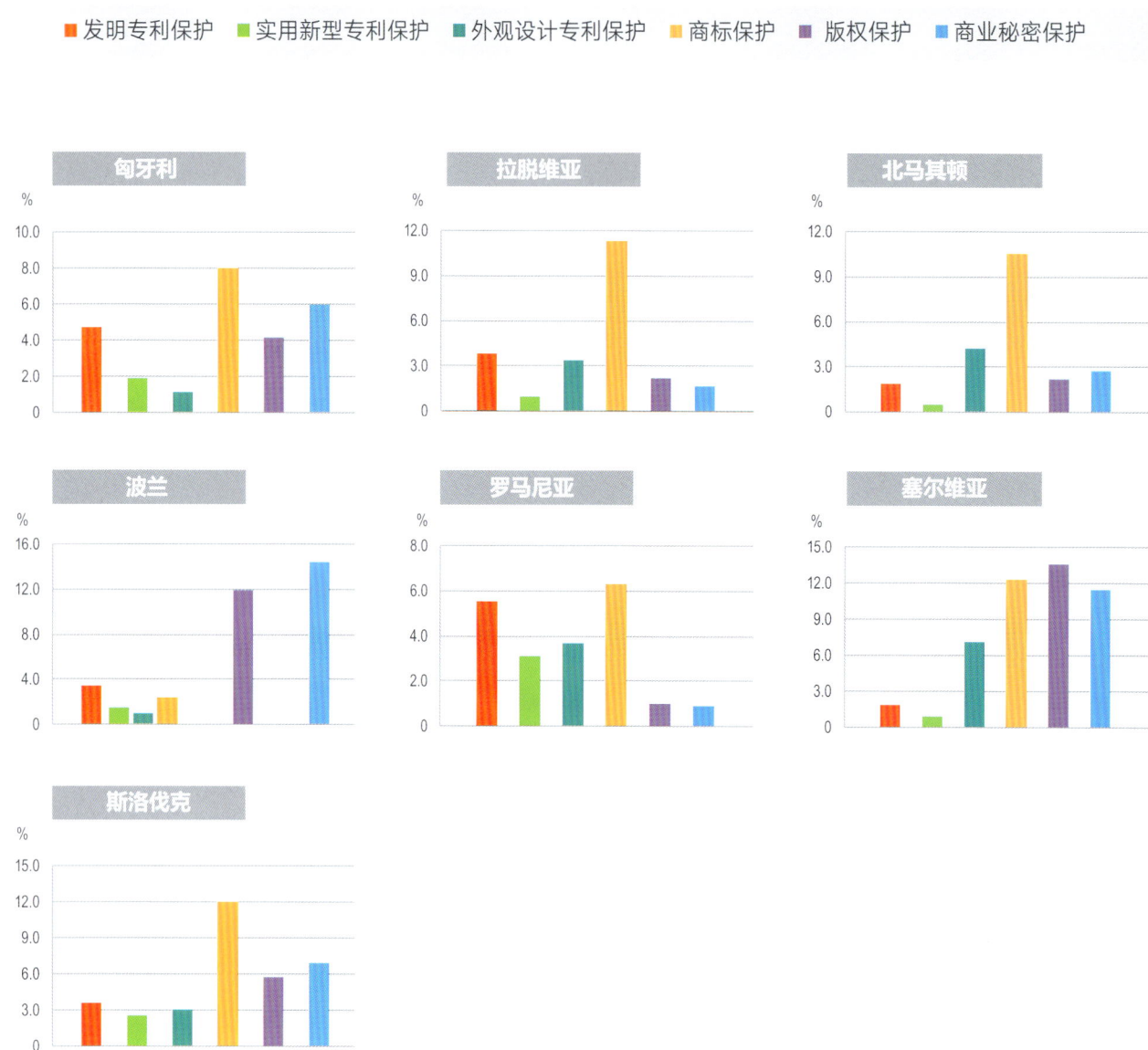

图 4-4　开展创新活动的企业采取的知识产权保护措施所占比重（2016 年）

注：阿尔巴尼亚、波黑、立陶宛、黑山和斯洛文尼亚无数据。
数据来源：欧洲统计局；国家统计局社会科技和文化产业统计司，《全国企业创新调查年鉴 2017》。
详见附表 19。

4.5 创新的阻碍因素

　　企业在开展创新活动过程中，会遇到各种各样的困难和阻碍。调查结果显示，阻碍企业创新的因素集中在缺乏内部资金、缺乏人才、缺乏合作伙伴、创新成本过高、市场需求不确定这几个方面。

　　认为缺乏内部资金是创新阻碍因素的企业所占比重较高的中东欧国家有斯洛文尼亚、希腊、克罗地亚、塞尔维亚和北马其顿。认为缺乏人才是创新阻碍因素的企业所占比重较高的国家有斯洛文尼亚、北马其顿、立陶宛、中国和匈牙利。认为缺乏合作伙伴是创新阻碍因素的企业所占比重较高的国家包括立陶宛、北马其顿、斯洛文尼亚、罗马尼亚和塞尔维亚。认为创新成本过高是创新阻碍因素的企业所占比重较高的国家包括北马其顿、克罗地亚、塞尔维亚、斯洛文尼亚和拉脱维亚。认为市场需求不确定是创新阻碍因素的企业所占比重较高的国家有立陶宛、希腊、斯洛文尼亚、克罗地亚和北马其顿（图4-5）。

■ 缺乏内部资金　■ 创新成本过高　■ 缺乏人才　■ 缺乏合作伙伴　■ 市场需求不确定

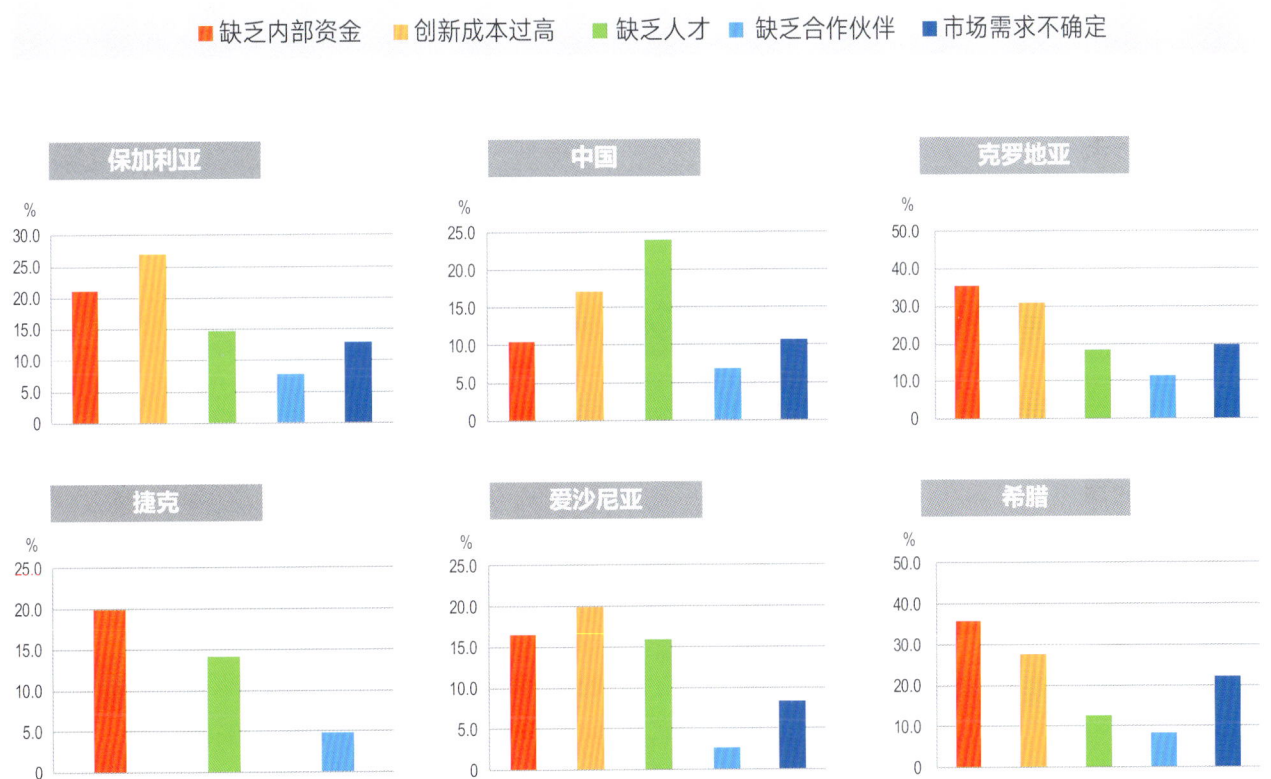

图例：缺乏内部资金　创新成本过高　缺乏人才　缺乏合作伙伴　市场需求不确定

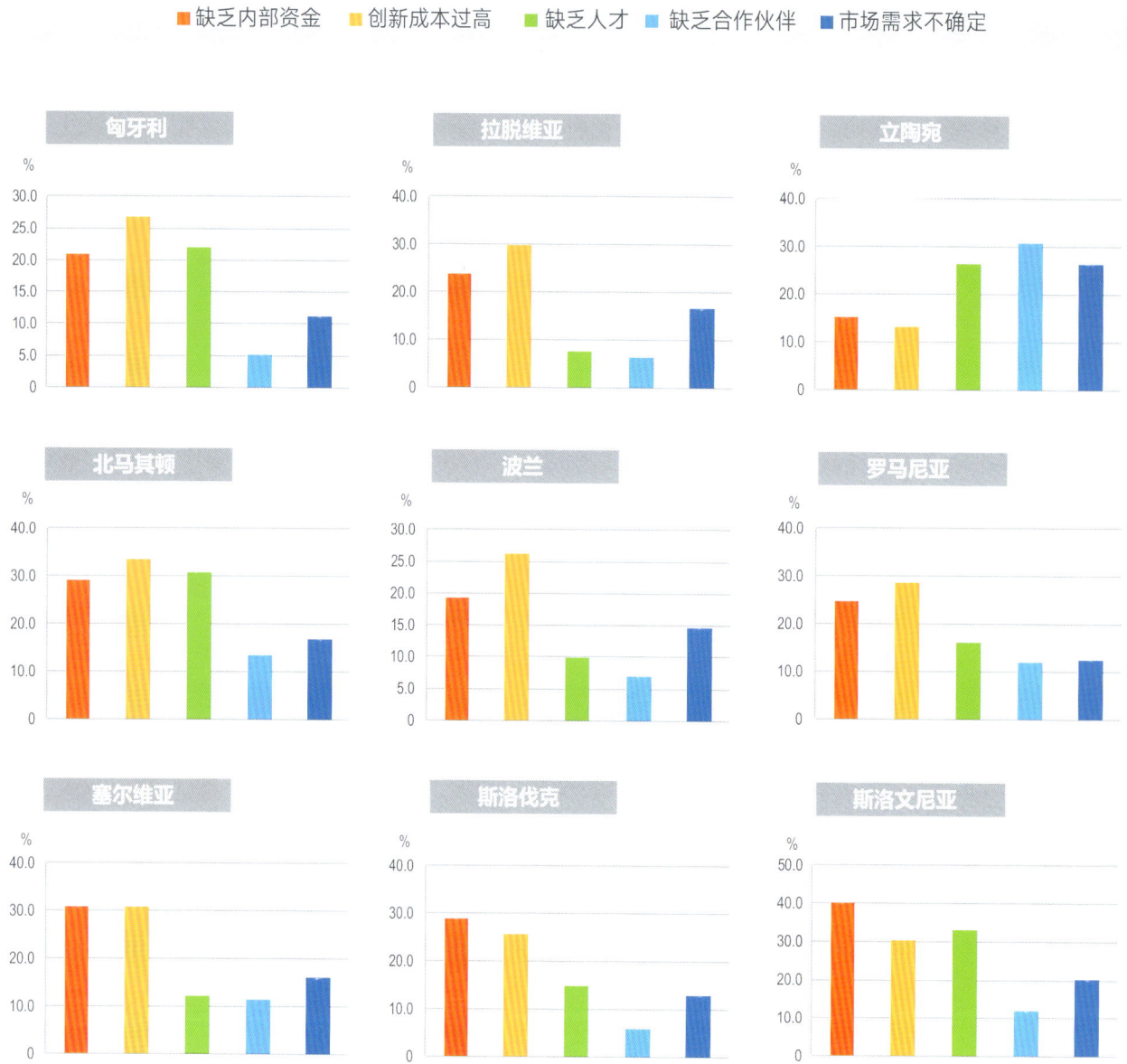

图 4-5　阻碍创新的最主要因素所占比重（2016 年）

注：阿尔巴尼亚、波黑和黑山无数据。
数据来源：欧洲统计局；国家统计局社会科技和文化产业统计司，《全国企业创新调查年鉴 2017》。
详见附表 20。

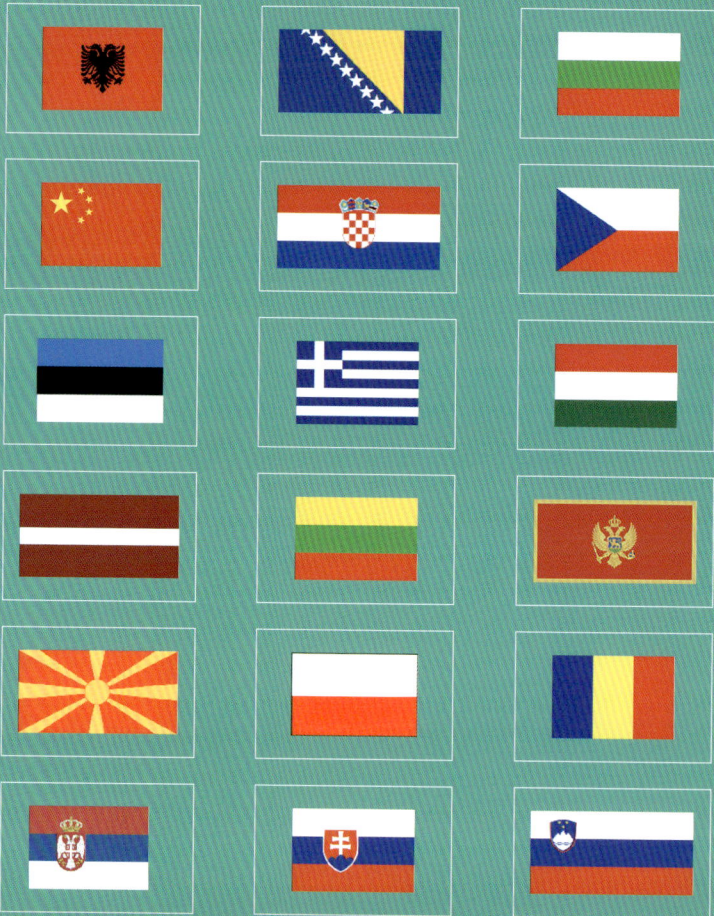

China-CEEC

5

第五章

国别概览

阿尔巴尼亚

波黑

保加利亚

中国

克罗地亚

捷克

爱沙尼亚

希腊

匈牙利

拉脱维亚

立陶宛

黑山

北马其顿

波兰

罗马尼亚

塞尔维亚

斯洛伐克

斯洛文尼亚

读图指引

2. R&D 人员
该图展示了一国近年来R&D 人员规模的变化趋势。

波黑

- 创新投入方面，2017年，波黑R&D经费投入为3624.9万美元，R&D经费投入强度为0.2%，R&D人员数量为2426人年。
- 科学产出方面，波黑发表论文数从2014年的425篇增加至2018年的673篇。波黑国际合作论文的影响力显著高于全部论文影响力。与波黑合作论文最多的5个国家是塞尔维亚、克罗地亚、斯洛文尼亚、德国和美国，合作论文最多的5个域内国家是塞尔维亚、克罗地亚、斯洛文尼亚、捷克、波兰。波黑的优势学科主要有物理学、临床医学、环境学/生态学等。
- 技术产出方面，2018年波黑有效发明专利数为32件。波黑专利优势技术领域主要有折射光学、计算机、发动机和扬声器等。

表格数据年份为 2017 年

国土人口	国土面积（平方千米）	51 210	人口（万人）	332
国民经济	GDP（现价百万美元）	18 082	人均GDP（现价美元）	5951
	10 年 GDP 平均增长率（%）	3.1	FDI流入额占 GDP 的比重（%）	2.4
产业发展	高技术产品出口占制造业出口比重（%）	5.2	ICT 服务贸易占服务业出口比重（%）	8.3

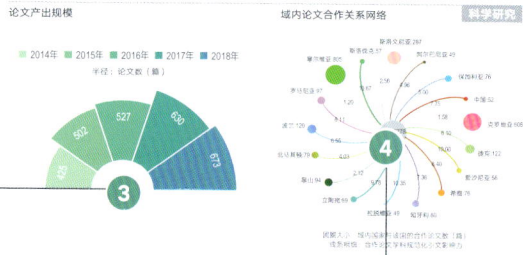

R&D 经费支出

R&D 人员

R&D 投入

论文产出规模

■ 2014年 ■ 2015年 ■ 2016年 ■ 2017年 ■ 2018年

域内论文合作关系网络

科学研究

60

1. R&D 经费支出
该图展示了一国近年来 R&D 经费支出规模的变化趋势。

3. 论文产出规模
该图展示了一国近年来 WoS 论文数量的变化趋势。

4. 域内论文合作关系网络
该图展示了该国 2014—2018 年与域内国家的合作论文数量及合作论文的学科规范化引文影响力情况。域内国家圆圈越大，表示与该国的合作论文数量越多；连接域内国家与该国的线条越粗，表示域内国家与该国合作论文的引文影响力越大。

5. 论文影响力

该图展示了一国 2014—2018 年全部论文、国际合作论文、非国际合作论文的学科规范化引文影响力区间分布情况。波峰越高，表示一国论文引文影响力的分布越集中；波峰位置越靠右，表示一国较高比重的论文处在引文影响力越高的区间。

6. 国际合作论文数排名前 5 位的合作国家

该图展示了该国 2014—2018 年与他国合作论文数排在前 5 位国家的合作论文数量及合作论文的学科规范化引文影响力情况。

7. 域内国际合作论文数排名前 5 位的合作国家

该图展示了该国 2014—2018 年与域内国家合作论文数排在前 5 位国家的合作论文数量及合作论文的学科规范化引文影响力情况。

10. 有效专利数

该图展示了一国近年来有效专利数量的变化趋势。

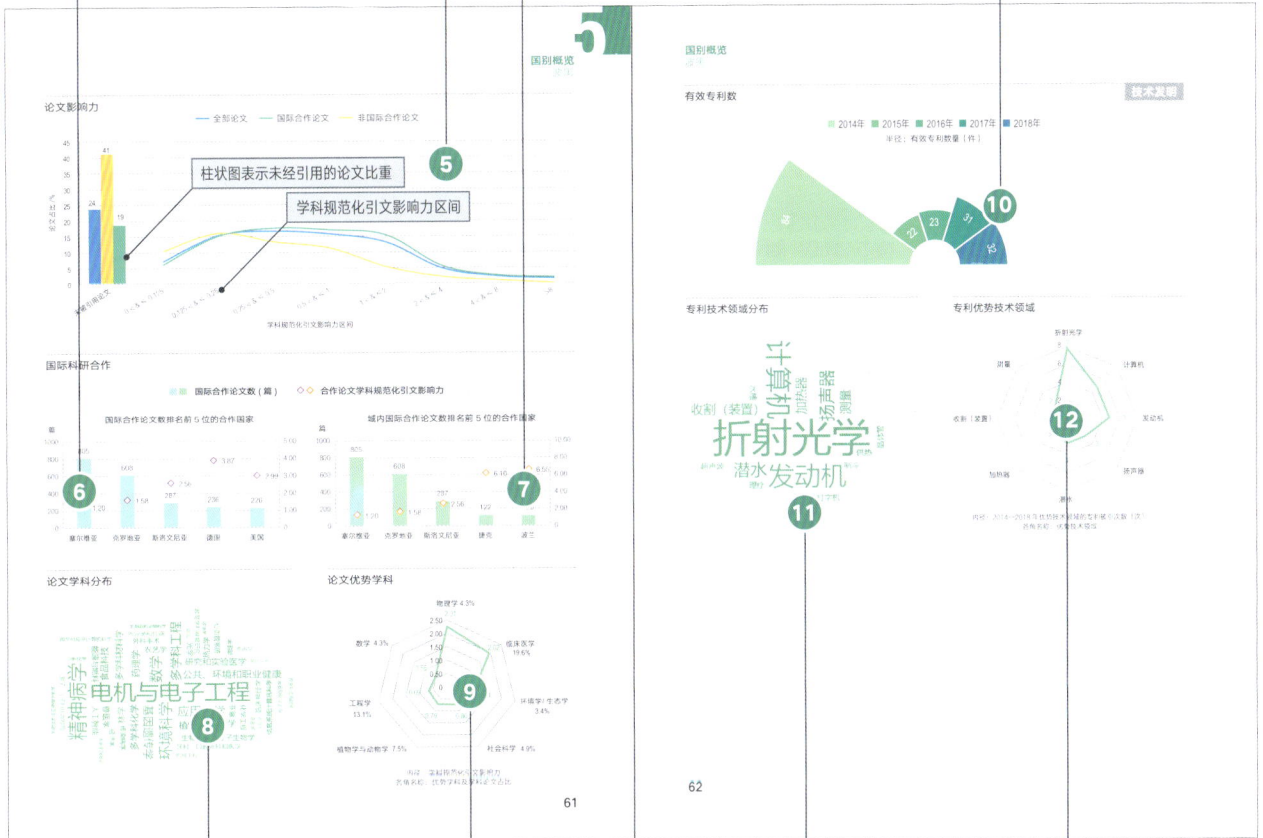

8. 论文学科分布

该图展示了一国 2014—2018 年论文的 WoS 学科分布情况。

11. 专利技术领域分布

该图展示了该国 2014—2018 年专利被引次数的主要技术领域分布情况。

9. 论文优势学科

该图展示了一国 2014—2018 年优势学科（ESI 学科）的论文占比和学科规范化引文影响力情况。雷达图内部多边形越均衡，说明该国各优势学科的引文影响力越相近，各优势学科越均衡。

12. 专利优势技术领域

该图展示了一国 2014—2018 年专利优势技术领域的专利被引情况。雷达图内部多边形越均衡，说明该国各优势技术领域的专利被引次数越相近，各优势技术领域越均衡。

阿尔巴尼亚

- 科学产出方面，阿尔巴尼亚发表论文数从 2014 年的 195 篇增加至 2018 年的 253 篇。国际合作论文的影响力显著高于全部论文影响力。与阿尔巴尼亚合作论文最多的 5 个国家是意大利、美国、德国、法国和英国，合作论文最多的 5 个域内国家是希腊、塞尔维亚、斯洛文尼亚、克罗地亚、北马其顿。阿尔巴尼亚优势学科主要有临床医学、植物学与动物学和免疫学等。

- 技术产出方面，2018 年阿尔巴尼亚有效发明专利数为 3 件。

国土人口	国土面积（平方千米）	28 750	人口（万人）	287
国民经济	GDP（现价百万美元）	15 059	人均 GDP（现价美元）	5254
	10 年 GDP 平均增长率 (%)	4.0	FDI 流入额占 GDP 的比重 (%)	8.5
产业发展	高技术产品出口占制造业出口比重 (%)	0.05	ICT 服务贸易占服务业出口比重 (%)	2.1

论文产出规模

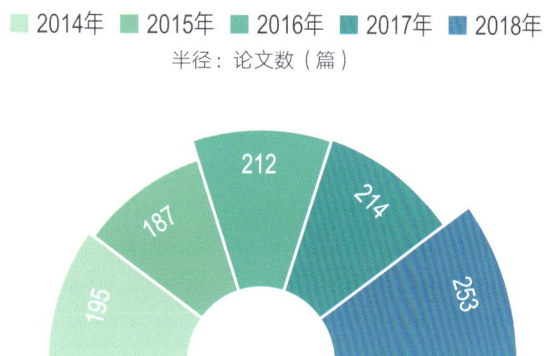

域内论文合作关系网络

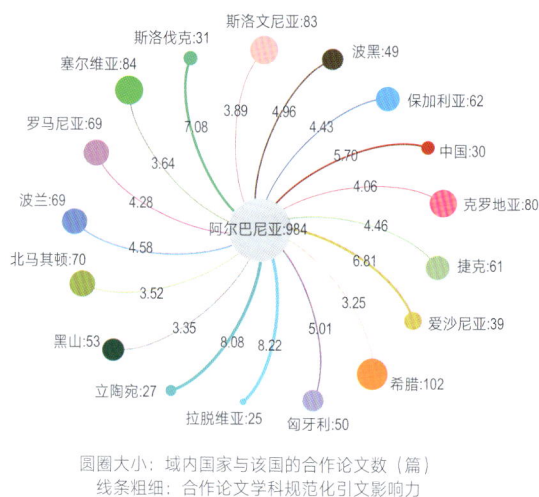

圆圈大小：域内国家与该国的合作论文数（篇）
线条粗细：合作论文学科规范化引文影响力

论文影响力

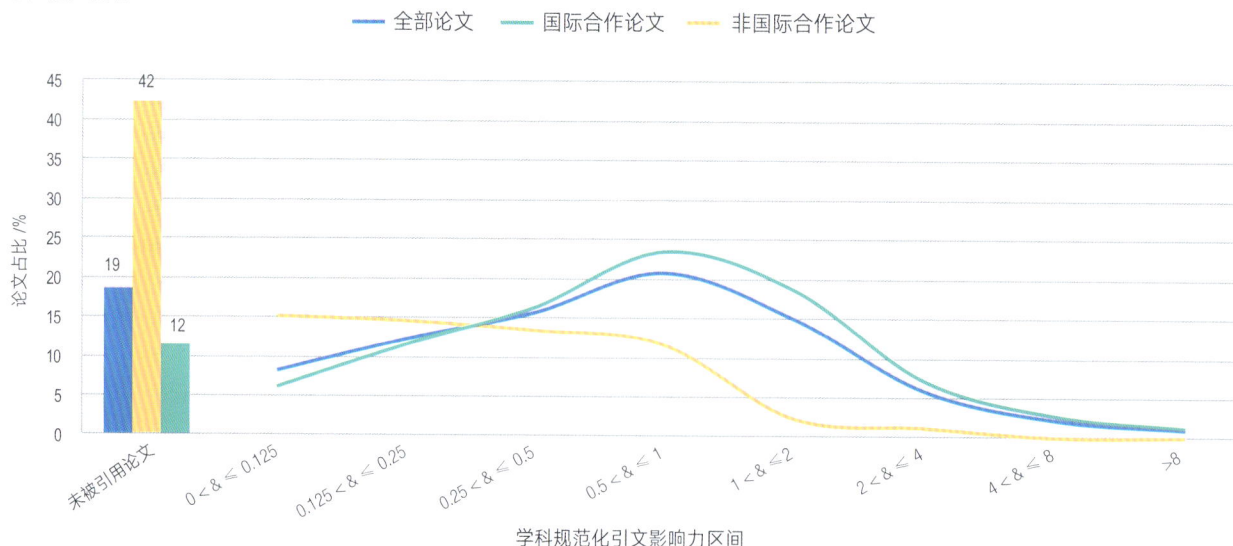

国际科研合作

论文学科分布

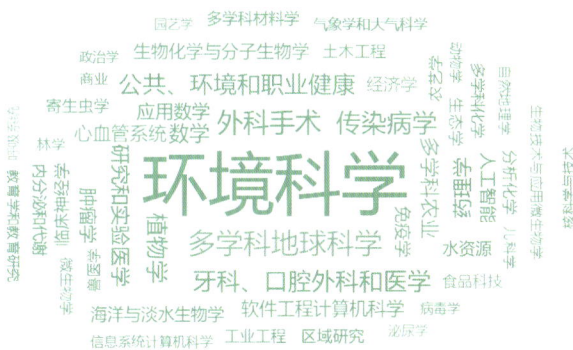

论文优势学科

内径：学科规范化引文影响力
各角名称：优势学科及学科论文占比

有效专利数

技术发明

波黑

- 创新投入方面，2017年，波黑R&D经费投入为3624.9万美元，R&D经费投入强度为 0.2%，R&D人员数量为2426人年。

- 科学产出方面，波黑发表论文数从 2014 年的 425 篇增加至 2018 年的 673 篇。波黑国际合作论文的影响力显著高于全部论文影响力。与波黑合作论文最多的 5 个国家是塞尔维亚、克罗地亚、斯洛文尼亚、德国和美国，合作论文最多的 5 个域内国家是塞尔维亚、克罗地亚、斯洛文尼亚、捷克、波兰。波黑的优势学科主要有物理学、临床医学、环境学 / 生态学等。

- 技术产出方面，2018 年波黑有效发明专利数为 32 件。波黑专利优势技术领域主要有折射光学、计算机、发动机和扬声器等。

国土人口	国土面积（平方千米）	51 210	人口（万人）	332
国民经济	GDP（现价百万美元）	19 782	人均 GDP（现价美元）	5951
	10 年 GDP 平均增长率 (%)	3.1	FDI 流入额占 GDP 的比重 (%)	2.4
产业发展	高技术产品出口占制造业出口比重 (%)	5.2	ICT 服务贸易占服务业出口比重 (%)	8.3

R&D 经费支出

R&D 投入

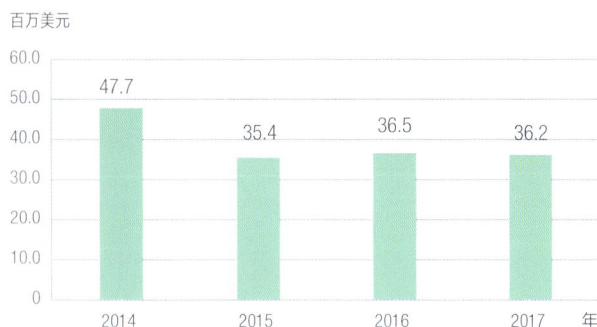

R&D 人员

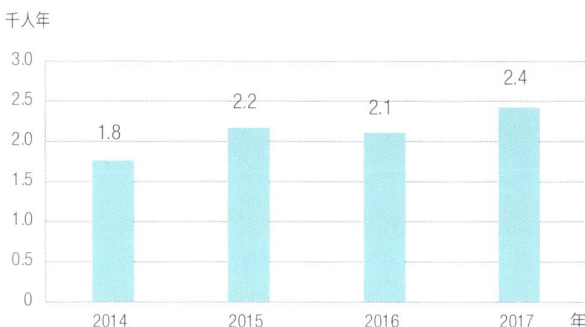

论文产出规模

科学研究

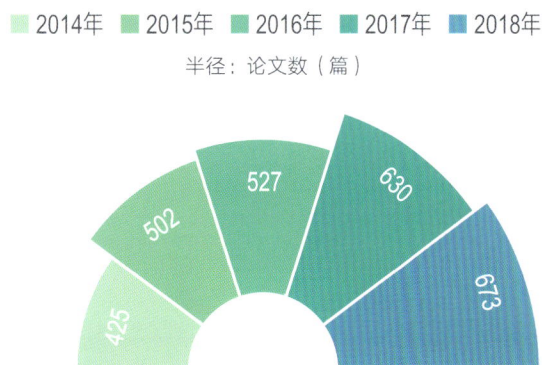

域内论文合作关系网络

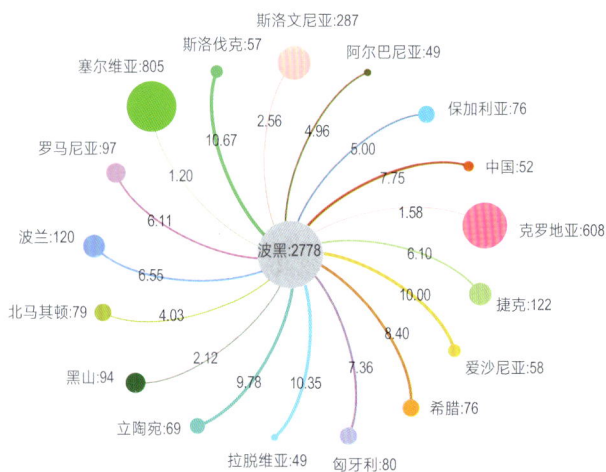

圆圈大小：域内国家与该国的合作论文数（篇）
线条粗细：合作论文学科规范化引文影响力

论文影响力

全部论文 ── 国际合作论文 ── 非国际合作论文

论文占比 /%

学科规范化引文影响力区间

国际科研合作

国际合作论文数（篇）　◇ ◇ 合作论文学科规范化引文影响力

国际合作论文数排名前 5 位的合作国家

篇

	塞尔维亚	克罗地亚	斯洛文尼亚	德国	美国
篇数	805	608	287	236	226
影响力	1.20	1.58	2.56	3.87	2.99

域内国际合作论文数排名前 5 位的合作国家

篇

	塞尔维亚	克罗地亚	斯洛文尼亚	捷克	波兰
篇数	805	608	287	122	120
影响力	1.20	1.58	2.56	6.10	6.55

论文学科分布

论文优势学科

物理学 4.3%　2.31
临床医学 19.6%　2.02
环境学/生态学 3.4%　1.04
社会科学 4.9%　0.80
植物学与动物学 7.5%　0.79
工程学 13.1%　0.69
数学 4.3%　0.56

内径：学科规范化引文影响力
各角名称：优势学科及学科论文占比

有效专利数   技术发明

■ 2014年 ■ 2015年 ■ 2016年 ■ 2017年 ■ 2018年
半径：有效专利数量（件）

84

22

23

31

32

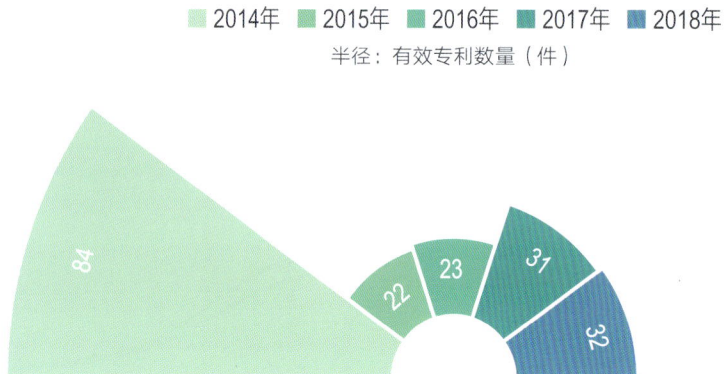

专利技术领域分布

计算机
加热器
水温
扬声器
收割（装置）
测量
折射光学
晶体管
供热
超声波
潜水　发动机
制冷
理疗
电传打字机

专利优势技术领域

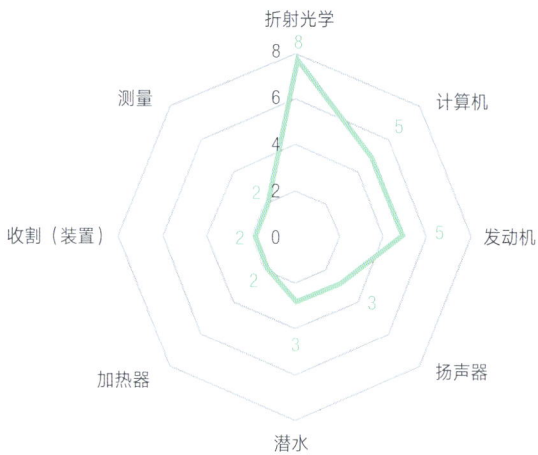

折射光学

测量　　　　　8　　　　计算机
　　　　6　　　　5
　　4
　2
收割（装置）　2　　0　　　　发动机
　　　　　　　　　5
　　2　　　　3
　　　3
加热器　　　3　　扬声器

潜水

内径：2014—2018 年优势技术领域的专利被引次数（次）
各角名称：优势技术领域

保加利亚

- 创新投入方面，2017年，保加利亚R&D经费投入为4.4亿美元，R&D经费投入强度为0.77%，R&D人员数量为2.3万人年。

- 科学产出方面，保加利亚发表论文数从2014年的2391篇增加至2018年的2492篇。国际合作论文的影响力显著高于全部论文影响力。与保加利亚合作论文最多的5个国家是德国、美国、意大利、英国和法国，合作论文最多的5个域内国家是波兰、希腊、捷克、匈牙利和中国。保加利亚的优势学科主要有临床医学、物理学和环境学/生态学等。

- 技术产出方面，2014—2018年保加利亚有效发明专利数稳步增长，2018年为1300件。保加利亚专利优势技术领域主要有计算机、发电机、发动机和打字机等。

国土人口	国土面积（平方千米）	111 000	人口（万人）	702
国民经济	GDP（现价百万美元）	65 133	人均GDP（现价美元）	9273
	10年GDP平均增长率(%)	3.1	FDI流入额占GDP的比重(%)	3.2
产业发展	高技术产品出口占制造业出口比重(%)	10.1	ICT服务贸易占服务业出口比重(%)	11.8

R&D 经费支出

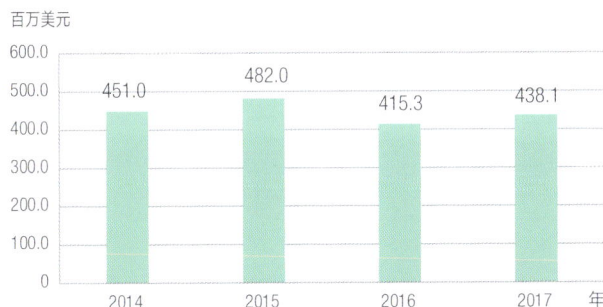

R&D 人员

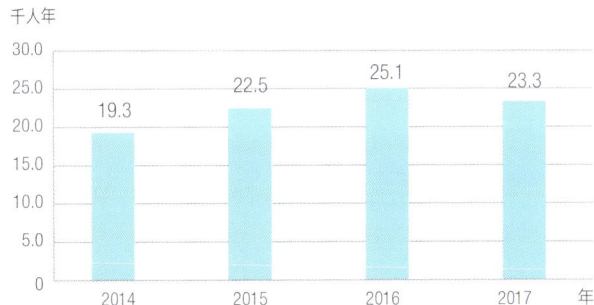

R&D 投入

论文产出规模

域内论文合作关系网络

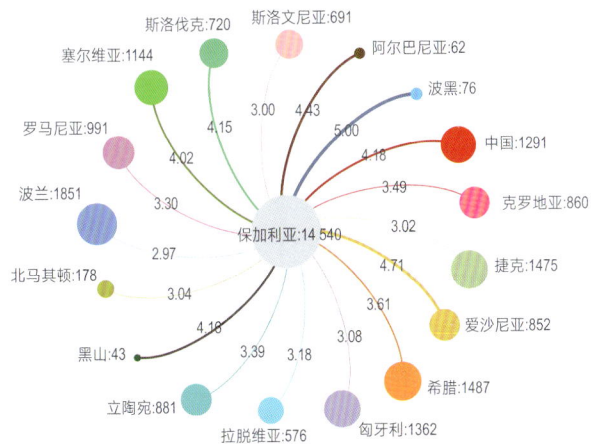

圆圈大小：域内国家与该国的合作论文数（篇）
线条粗细：合作论文学科规范化引文影响力

科学研究

63

论文影响力

全部论文　　国际合作论文　　非国际合作论文

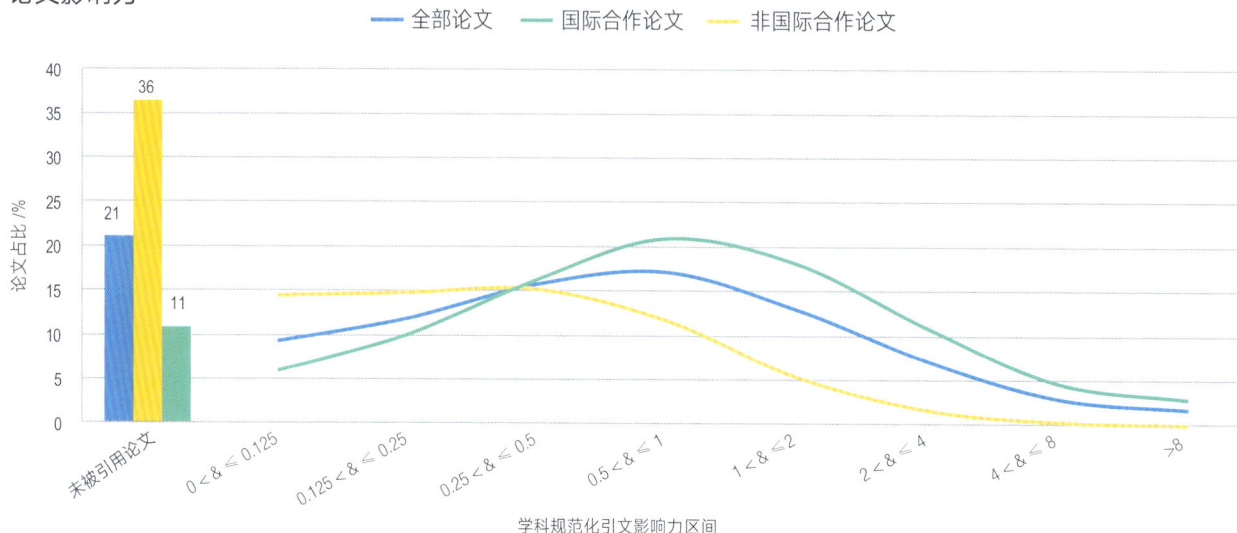

国际科研合作

国际合作论文数（篇）　　合作论文学科规范化引文影响力

国际合作论文数排名前 5 位的合作国家

域内国际合作论文数排名前 5 位的合作国家

论文学科分布

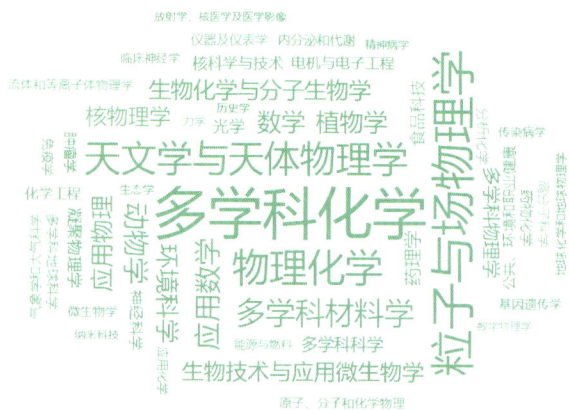

论文优势学科

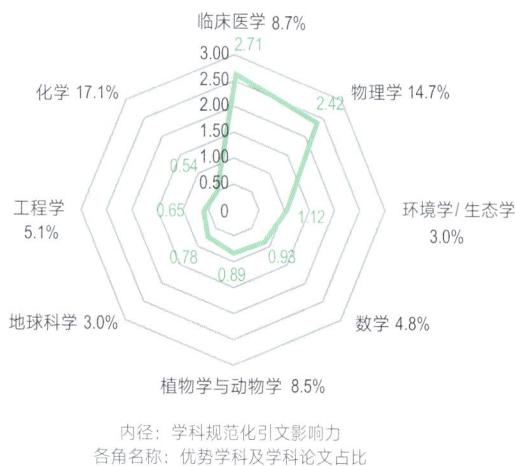

内径：学科规范化引文影响力
各角名称：优势学科及学科论文占比

有效专利数

2014年　2015年　2016年　2017年　2018年

半径：有效专利数量（件）

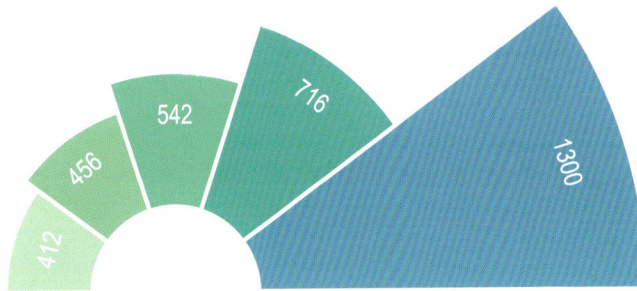

412　456　542　716　1300

专利技术领域分布

专利优势技术领域

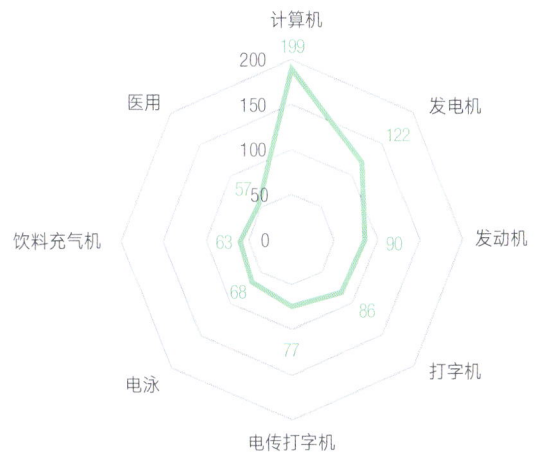

内径：2014—2018 年优势技术领域的专利被引次数（次）
各角名称：优势技术领域

中国

- 创新投入方面，2017 年，中国 R&D 经费投入为 2604.9 亿美元，R&D 经费投入强度为 2.12%，R&D 人员数量为 403.4 万人年。

- 科学产出方面，中国发表论文数从 2014 年的 26.0 万篇增加至 2018 年的 40.7 万篇。国际合作论文的影响力显著高于全部论文影响力。与中国合作论文最多的 5 个国家是美国、英国、澳大利亚、加拿大和德国，合作论文最多的 5 个域内国家是波兰、捷克、希腊、匈牙利和罗马尼亚。中国优势学科主要有植物学与动物学、数学、计算机科学等。

- 技术产出方面，2014—2018 年中国有效发明专利数快速增长，2018 年为 181.3 万件。中国专利优势技术领域主要有计算机、电传打字机、共聚物和卫生学等。

国土人口	国土面积（平方千米）	9 562 910	人口（万人）	139 273
国民经济	GDP（现价百万美元）	13 608 152	人均 GDP（现价美元）	9771
	10 年 GDP 平均增长率 (%)	6.6	FDI 流入额占 GDP 的比重 (%)	1.0
产业发展	高技术产品出口占制造业出口比重 (%)	30.9	ICT 服务贸易占服务业出口比重 (%)	17.6

R&D 经费支出

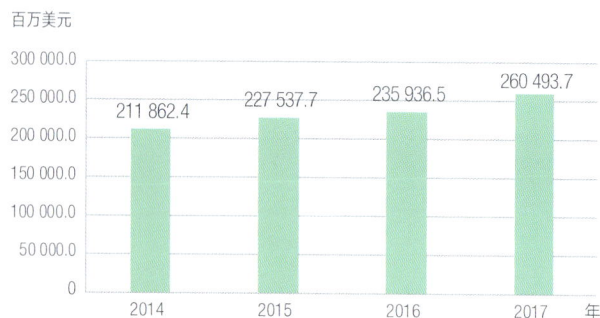

R&D 人员

R&D 投入

论文产出规模

域内论文合作关系网络

科学研究

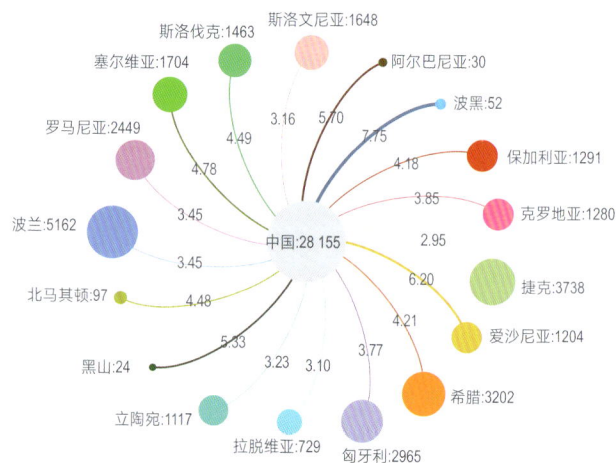

圆圈大小：域内国家与该国的合作论文数（篇）
线条粗细：合作论文学科规范化引文影响力

论文影响力

图例：全部论文　国际合作论文　非国际合作论文

纵轴：论文占比 /%

横轴标签：未被引用论文　$0 < \text{&} \leq 0.125$　$0.125 < \text{&} \leq 0.25$　$0.25 < \text{&} \leq 0.5$　$0.5 < \text{&} \leq 1$　$1 < \text{&} < 2$　$2 < \text{&} \leq 4$　$4 < \text{&} \leq 8$　>8

学科规范化引文影响力区间

柱状图数值：10　12　6

国际科研合作

图例：国际合作论文数（篇）　　合作论文学科规范化引文影响力

国际合作论文数排名前 5 位的合作国家

国家	国际合作论文数（篇）	引文影响力
美国	199 882	1.66
英国	47 494	2.04
澳大利亚	43 039	2.02
加拿大	32 187	1.96
德国	30 440	2.24

域内国际合作论文数排名前 5 位的合作国家

国家	国际合作论文数（篇）	引文影响力
波兰	5162	3.45
捷克	3738	2.95
希腊	3202	4.21
匈牙利	2965	3.77
罗马尼亚	2449	3.45

论文学科分布

论文优势学科

植物学与动物学 3.2% — 1.30
数学 3.0% — 1.29
计算机科学 3.7% — 1.25
材料科学 11.3% — 1.23
化学 16.5% — 1.20
工程学 13.3% — 1.19
环境学 / 生态学 3.6% — 1.13
环境学 / 生态学 3.6%
地球科学 3.6% — 1.10

内径：学科规范化引文影响力
各角名称：优势学科及学科论文占比

有效专利数　　　　　　　　　　　　　　　　　　　　　　　　　　

■ 2014年　■ 2015年　■ 2016年　■ 2017年　■ 2018年
半径：有效专利数量（件）

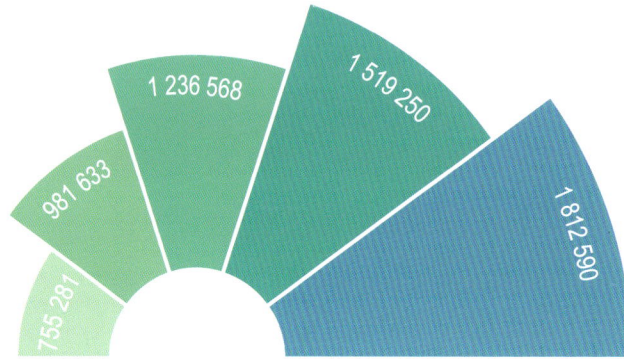

755 281　981 633　1 236 568　1 519 250　1 812 590

专利技术领域分布

专利优势技术领域

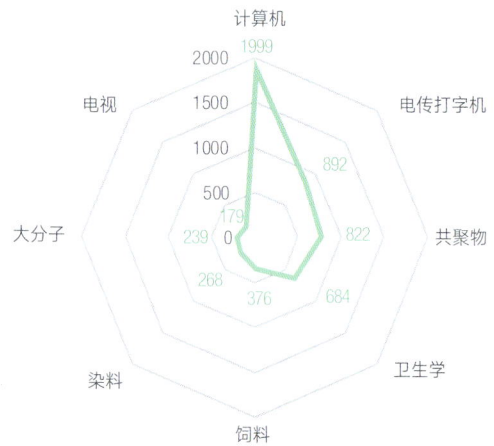

计算机　1999
电传打字机　892
共聚物　822
卫生学　684
饲料　376
染料　268
大分子　239
电视　179

内径：2014—2018 年优势技术领域的专利被引次数（次）
各角名称：优势技术领域

克罗地亚

- 创新投入方面，2017 年，克罗地亚 R&D 经费投入为 4.8 亿美元，R&D 经费投入强度为 0.87%，R&D 人员数量为 1.2 万人年。

- 科学产出方面，克罗地亚发表论文数从 2014 年的 3643 篇增加至 2018 年的 4395 篇。国际合作论文的影响力显著高于全部论文影响力。与克罗地亚合作论文最多的 5 个国家是德国、美国、意大利、英国和法国，合作论文最多的 5 个域内国家是波兰、塞尔维亚、捷克、斯洛文尼亚和匈牙利。克罗地亚的优势学科为物理学、临床医学、农业科学等。

- 技术产出方面，2018 年克罗地亚有效发明专利数为 482 件。克罗地亚专利优势技术领域主要有医用、卫生学、计算机和容器等。

国土人口	国土面积（平方千米）	56 590	人口（万人）	409
国民经济	GDP（现价百万美元）	60 806	人均 GDP（现价美元）	14 869
	10 年 GDP 平均增长率 (%)	2.6	FDI 流入额占 GDP 的比重 (%)	1.9
产业发展	高技术产品出口占制造业出口比重 (%)	8.9	ICT 服务贸易占服务业出口比重 (%)	5.4

R&D 经费支出

R&D 投入

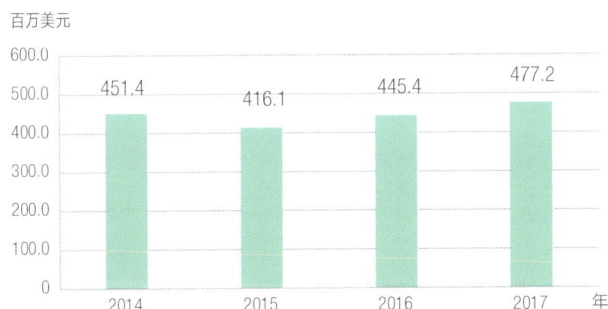

R&D 人员

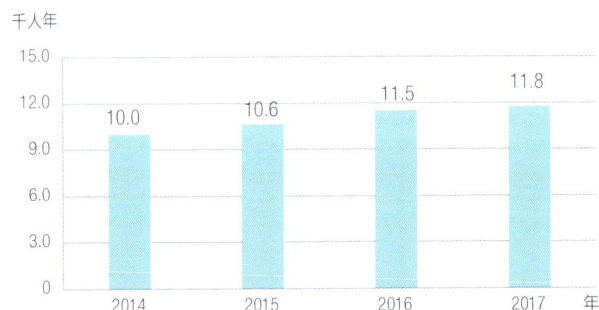

论文产出规模

科学研究

域内论文合作关系网络

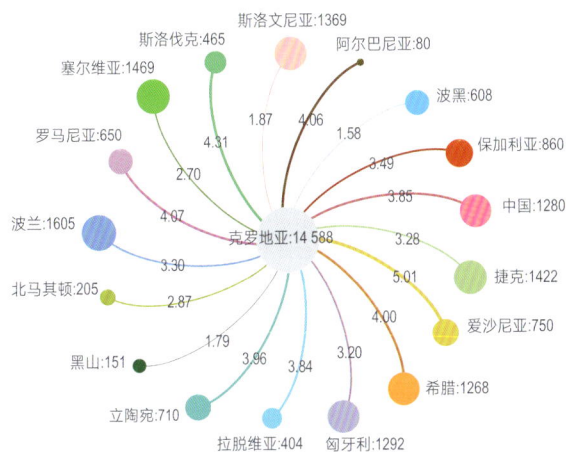

圆圈大小：域内国家与该国的合作论文数（篇）
线条粗细：合作论文学科规范化引文影响力

克罗地亚

论文影响力

全部论文 ── 国际合作论文 ── 非国际合作论文

论文占比 /%

30
19
9

未被引用论文 | 0 < & ≤ 0.125 | 0.125 < & ≤ 0.25 | 0.25 < & ≤ 0.5 | 0.5 < & ≤ 1 | 1 < & ≤ 2 | 2 < & ≤ 4 | 4 < & ≤ 8 | >8

学科规范化引文影响力区间

国际科研合作

国际合作论文数（篇） ◇◇ 合作论文学科规范化引文影响力

国际合作论文数排名前 5 位的合作国家

篇

德国	美国	意大利	英国	法国
2877	2820	2659	2535	2155
2.80	2.77	2.88	3.04	3.22

域内国际合作论文数排名前 5 位的合作国家

篇

波兰	塞尔维亚	捷克	斯洛文尼亚	匈牙利
1605	1469	1422	1369	1292
3.30	2.70	3.28	1.87	3.20

论文学科分布

环境科学 外科手术 凝聚态物理学 基因遗传学 物理化学 多学科物理学 食品科技 药理学 海洋与淡水生物学 天文学与天体物理学 粒子与场物理学 核物理学 数学 多学科材料学 生物化学与分子生物学 多学科化学 肿瘤学 应用数学 多学科工程 电机与电子工程 土木工程 应用物理 多学科地球科学 经济学 植物学 兽医学 神经科学 生物学 微生物学 研究和实验医学 公共、环境和职业健康

论文优势学科

物理学 8.8%　2.14
临床医学 16.4%　1.48
农业科学 4.0%　1.13
环境学 / 生态学 3.7%　0.97
植物学与动物学 6.4%　0.78
生物学与生物化学 4.3%　0.77
化学 8.1%　0.76
数学 4.0%

内径：学科规范化引文影响力
各角名称：优势学科及学科论文占比

有效专利数

■ 2014年　■ 2015年　■ 2016年　■ 2017年　■ 2018年

半径：有效专利数量（件）

544　498　474　477　482

专利技术领域分布

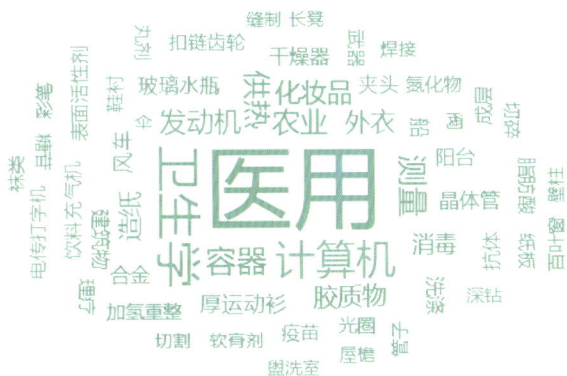

缝制　长凳　扣链齿轮　焊接　干燥器　氮化物　化妆品　夹头　玻璃水瓶　农业　外衣　发动机　阳台　卫生　医用　容器　计算机　晶体管　消毒　抗体　胶质物　深钻　合金　加氢重整　厚运动衫　切割　软育剂　疫苗　光圈　屋檐　盥洗室　电传打字机　饮料充气机　表面活性剂

专利优势技术领域

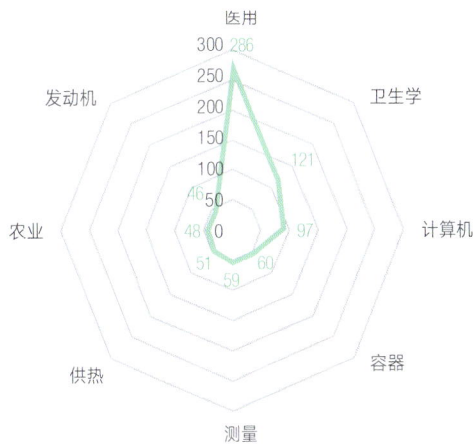

医用 286
卫生学 121
计算机 97
容器 60
测量 59
供热 51
农业 48
发动机 46

内径：2014　2010 年优势技术领域的专利被引次数（次）
各角名称：优势技术领域

71

捷克

- 创新投入方面，2017 年，捷克 R&D 经费投入为 38.7 亿美元，R&D 经费投入强度为 1.79%，R&D 人员数量为 7.0 万人年。

- 科学产出方面，捷克发表论文数从 2014 年的 1.3 万篇增加至 2018 年的 1.5 万篇。国际合作论文的影响力显著高于全部论文影响力。与捷克合作论文最多的 5 个国家是德国、美国、英国、法国和意大利，合作论文最多的 5 个域内国家是波兰、斯洛伐克、中国、匈牙利和希腊。捷克优势学科为临床医学、物理学、环境学 / 生态学等。

- 技术产出方面，2014—2018 年捷克有效发明专利数呈上升趋势，2018 年为 8578 件。捷克专利优势技术领域主要有医用、测量、卫生学和计算机等。

国土人口	国土面积（平方千米）	78 870	人口（万人）	1063
国民经济	GDP（现价百万美元）	245 226	人均 GDP（现价美元）	23 079
	10 年 GDP 平均增长率 (%)	3.0	FDI 流入额占 GDP 的比重 (%)	3.9
产业发展	高技术产品出口占制造业出口比重 (%)	19.6	ICT 服务贸易占服务业出口比重 (%)	13.8

R&D 经费支出

R&D 人员　　　　　　　　　R&D 投入

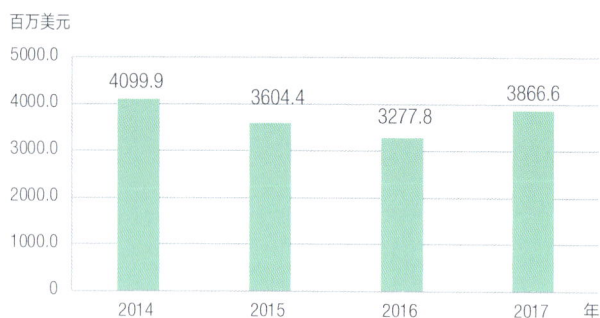

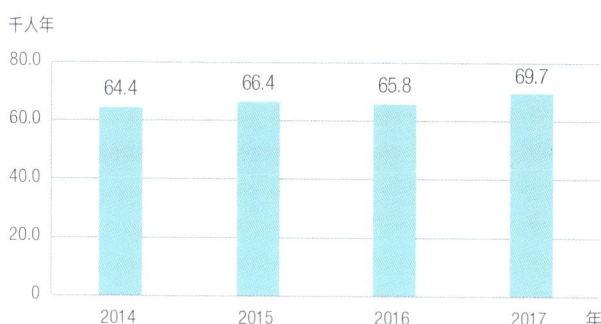

论文产出规模

域内论文合作关系网络　　　科学研究

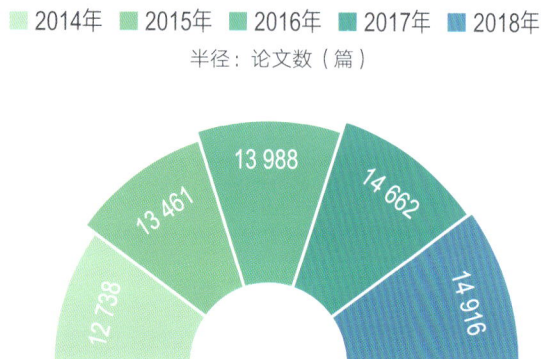

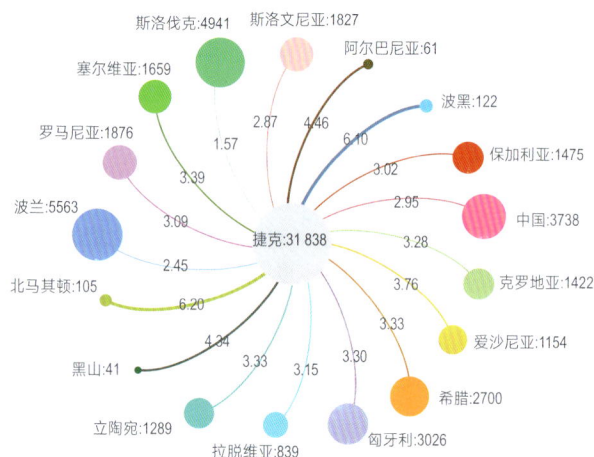

圆圈大小：域内国家与该国的合作论文数（篇）
线条粗细：合作论文学科规范化引文影响力

论文影响力

图例：全部论文 ── 国际合作论文 ── 非国际合作论文

纵轴：论文占比 /%
横轴：学科规范化引文影响力区间

未被引用论文：12　19　7

区间：0 < & ≤ 0.125　0.125 < & ≤ 0.25　0.25 < & ≤ 0.5　0.5 < & ≤ 1　1 < & ≤ 2　2 < & ≤ 4　4 < & ≤ 8　>8

国际科研合作

图例：国际合作论文数（篇）　合作论文学科规范化引文影响力

国际合作论文数排名前 5 位的合作国家

篇

德国	美国	英国	法国	意大利
9855	9670	7432	6891	6285
2.41	2.49	2.79	2.69	2.89

域内国际合作论文数排名前 5 位的合作国家

篇

波兰	斯洛伐克	中国	匈牙利	希腊
5563	4941	3738	3026	2700
2.45	1.57	2.95	3.30	3.33

论文学科分布

生物化学研究方法　心血管系统　原子、分子和化学物理　核科学与技术　仪器及仪表学　电机与电子工程　应用物理　凝聚物理学　分析化学　环境科学　生态学　肿瘤学　物理化学　数学　经济学　天文学与天体物理学　多学科材料学　神经科学　高分子科学　食品科技　植物学　多学科化学　纳米科技　应用数学　生物化学与分子生物学　药理学　粒子与场物理学　研究和实验医学　多学科地球科学　多学科物理学　核物理　生物医学工程　生物技术与应用微生物学　地球化学和地球物理学

论文优势学科

临床医学 10.7%　1.98
物理学 10.2%　1.51
环境学 / 生态学 4.5%　1.28
植物学与动物学 8.9%　1.22
数学 3.8%　0.93
地球科学 3.5%　0.90
生物学与生物化学 5.2%　0.89
社会科学 3.4%　0.83

内径：学科规范化引文影响力
各角名称：优势学科及学科论文占比

有效专利数

技术发明

2014年
2015年
2016年
2017年
2018年
半径：有效专利数量（件）
2051
2438
2792
7288
8578

专利技术领域分布

医用
测量
卫生学
计算机
发动机
脂肪酸
共聚物
光圈
纳米结构
农药
疫苗
大分子
欧姆计
氯仿
三明治结构
胶质物
蛋白质
阳台
足球
纤丝
晶体管
放电管
消毒
人体测量工具
电传打字机
供热

专利优势技术领域

医用
测量
卫生学
计算机
发动机
共聚物
光圈
脂肪酸
2000
1500
1000
500
0
1984
1300
1202
731
645
487
358
355

内径：2014—2018 年优势技术领域的专利被引次数（次）
各角名称：优势技术领域

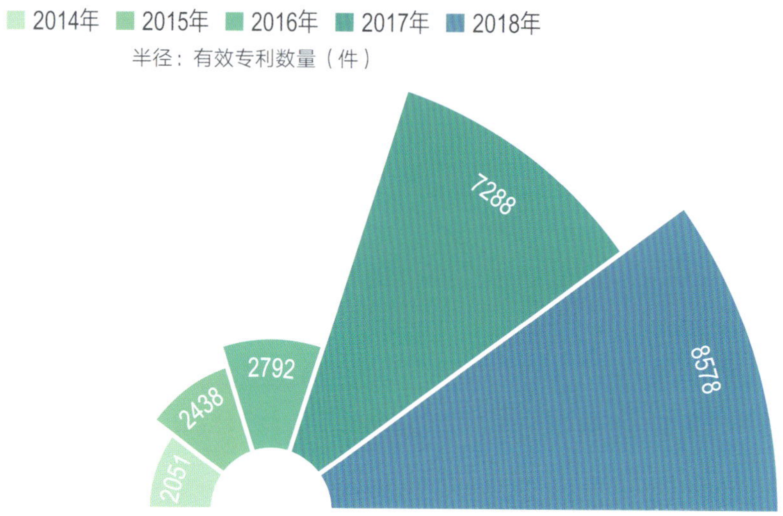

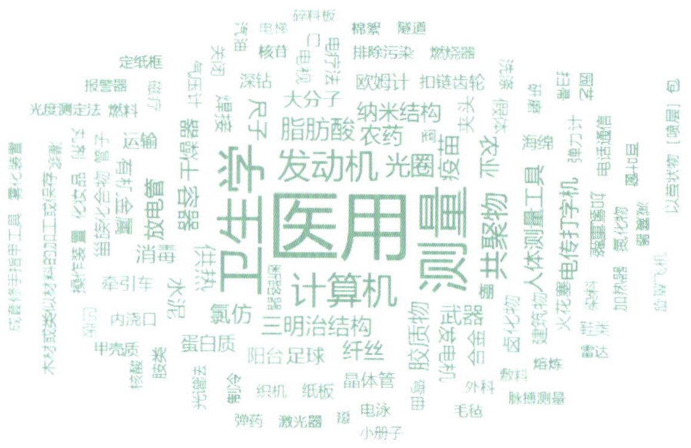

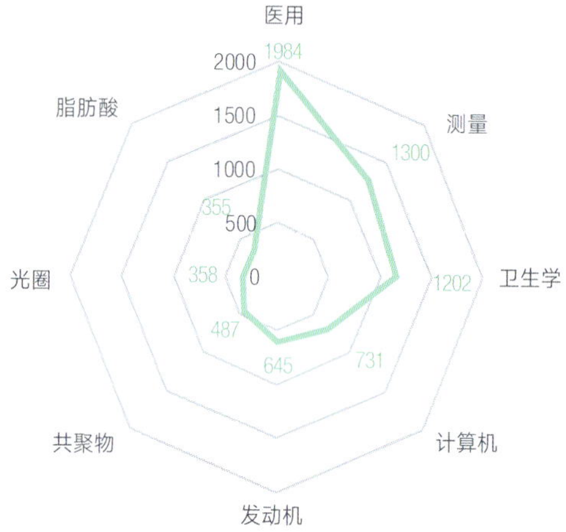

爱沙尼亚

- 创新投入方面，2017 年，爱沙尼亚 R&D 经费投入为 3.4 亿美元，R&D 经费投入强度为 1.32%，R&D 人员数量为 6048 人年。

- 科学产出方面，爱沙尼亚发表论文数从 2014 年的 2060 篇增加至 2018 年的 2289 篇。国际合作论文的影响力显著高于全部论文影响力。与爱沙尼亚合作论文最多的 5 个国家是芬兰、德国、英国、美国和意大利，合作论文最多的 5 个域内国家是波兰、中国、捷克、匈牙利和立陶宛。爱沙尼亚的优势学科为临床医学、分子生物学与遗传学、物理学等。

- 技术产出方面，2014—2018 年爱沙尼亚有效发明专利数呈上升趋势，2018 年为 909 件。爱沙尼亚专利优势技术领域主要有计算机、电容器、容器和医用等。

国土人口	国土面积（平方千米）	45 340	人口（万人）	132
国民经济	GDP（现价百万美元）	30 285	人均 GDP（现价美元）	22 928
	10 年 GDP 平均增长率 (%)	3.9	FDI 流入额占 GDP 的比重 (%)	4.4
产业发展	高技术产品出口占制造业出口比重 (%)	16.9	ICT 服务贸易占服务业出口比重 (%)	11.0

R&D 经费支出

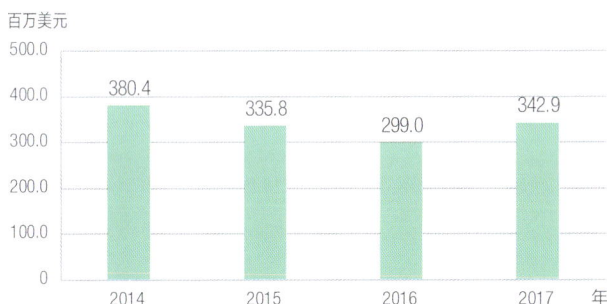

R&D 人员　　　　　　　　　　　**R&D 投入**

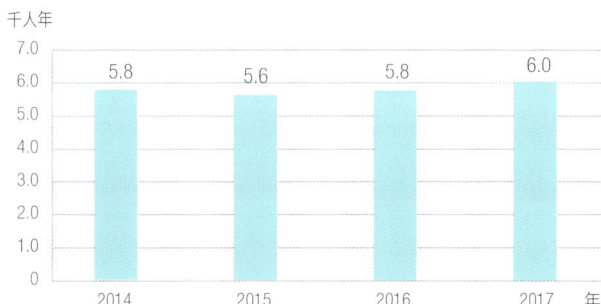

论文产出规模

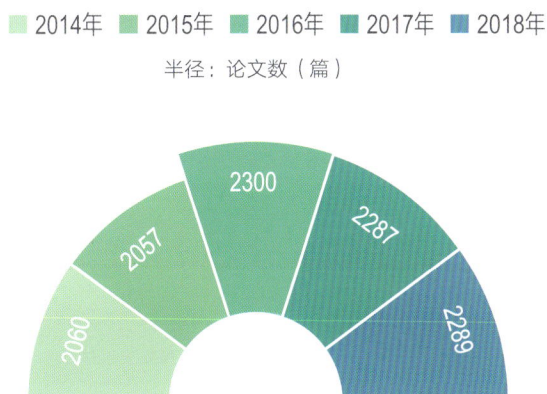

域内论文合作关系网络　　　　　　**科学研究**

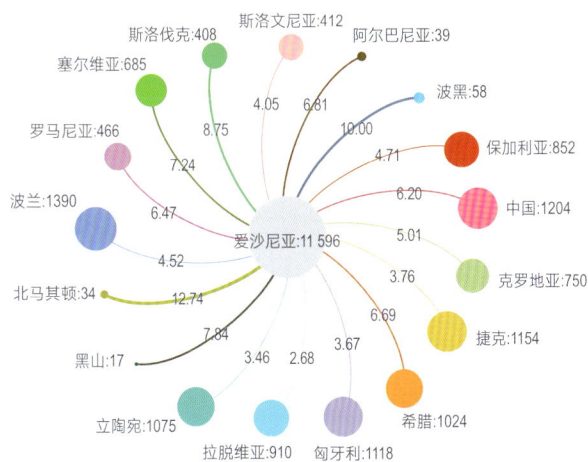

圆圈大小：域内国家与该国的合作论文数（篇）
线条粗细：合作论文学科规范化引文影响力

论文影响力

全部论文 —— 国际合作论文 —— 非国际合作论文

论文占比 /%

学科规范化引文影响力区间

国际科研合作

国际合作论文数（篇） ◇◇ 合作论文学科规范化引文影响力

篇
国际合作论文数排名前 5 位的合作国家

芬兰	德国	英国	美国	意大利
2308	2275	2265	2188	1711
3.99	4.51	4.77	4.83	5.30

篇
域内国际合作论文数排名前 5 位的合作国家

波兰	中国	捷克	匈牙利	立陶宛
1390	1204	1154	1118	1075
4.52	6.20	3.76	3.67	3.46

论文学科分布

论文优势学科

临床医学 8.7%
分子生物学与遗传学 4.4%
化学 7.4%
社会科学 7.5%
物理学 11.4%
环境学 / 生态学 7.0%
植物学与动物学 8.5%
生物学与生物化学 3.4%

5.78 3.56 2.29 1.82 1.48 1.46 1.16 1.05

内径：学科规范化引文影响力
各角名称：优势学科及学科论文占比

有效专利数

■ 2014年 ■ 2015年 ■ 2016年 ■ 2017年 ■ 2018年

半径：有效专利数量（件）

专利技术领域分布

专利优势技术领域

内径：2014—2018 年优势技术领域的专利被引次数（次）
各角名称：优势技术领域

希腊

- 创新投入方面，2017 年，希腊 R&D 经费投入为 22.9 亿美元，R&D 经费投入强度为 1.14%，R&D 人员数量为 4.8 万人年。

- 科学产出方面，希腊发表论文数从 2014 年的 1.1 万篇增加至 2018 年的 1.2 万篇。国际合作论文的影响力显著高于全部论文影响力。与希腊合作论文最多的 5 个国家是英国、美国、德国、意大利和法国，合作论文最多的 5 个域内国家是波兰、中国、捷克、匈牙利和罗马尼亚。希腊的优势学科为物理学、临床医学、社会科学总论等。

- 技术产出方面，2014—2018 年希腊有效发明专利数呈上升趋势，2018 年为 5530 件。希腊专利优势技术领域主要有医用、计算机、剃刀和卫生学等。

国土人口	国土面积（平方千米）	131 960	人口（万人）	1073
国民经济	GDP（现价百万美元）	218 032	人均 GDP（现价美元）	20 324
	10 年 GDP 平均增长率 (%)	1.9	FDI 流入额占 GDP 的比重 (%)	1.9
产业发展	高技术产品出口占制造业出口比重 (%)	12.8	ICT 服务贸易占服务业出口比重 (%)	2.3

R&D 经费支出

R&D 人员　　　　　　　　　　　R&D 投入

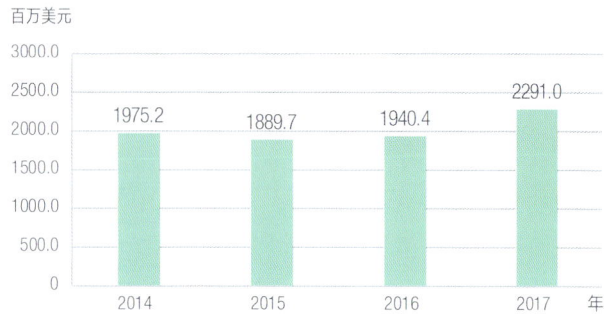

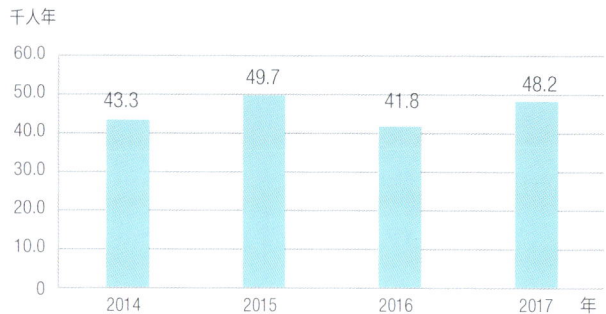

论文产出规模

域内论文合作关系网络　　　　科学研究

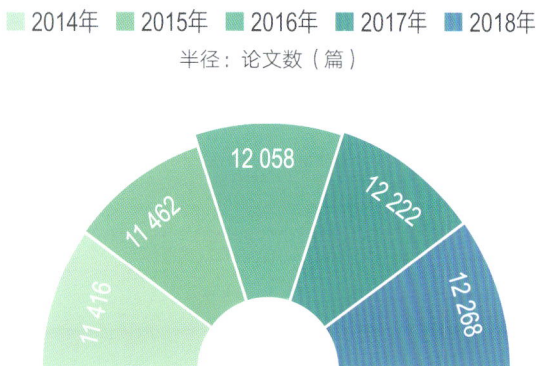

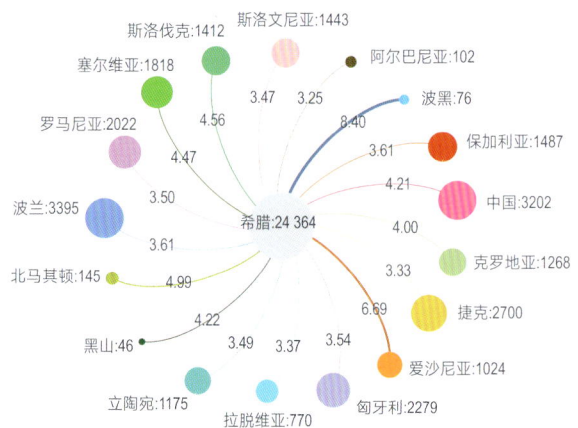

圆圈大小：域内国家与该国的合作论文数（篇）
线条粗细：合作论文学科规范化引文影响力

论文影响力

图例: 全部论文　国际合作论文　非国际合作论文

纵轴: 论文占比 / %

柱状数据: 未被引用论文 9, 13, 6

横轴(学科规范化引文影响力区间): 0 < & ≤ 0.125　0.125 < & ≤ 0.25　0.25 < & ≤ 0.5　0.5 < & ≤ 1　1 < & ≤ 2　2 < & ≤ 4　4 < & ≤ 8　>8

学科规范化引文影响力区间

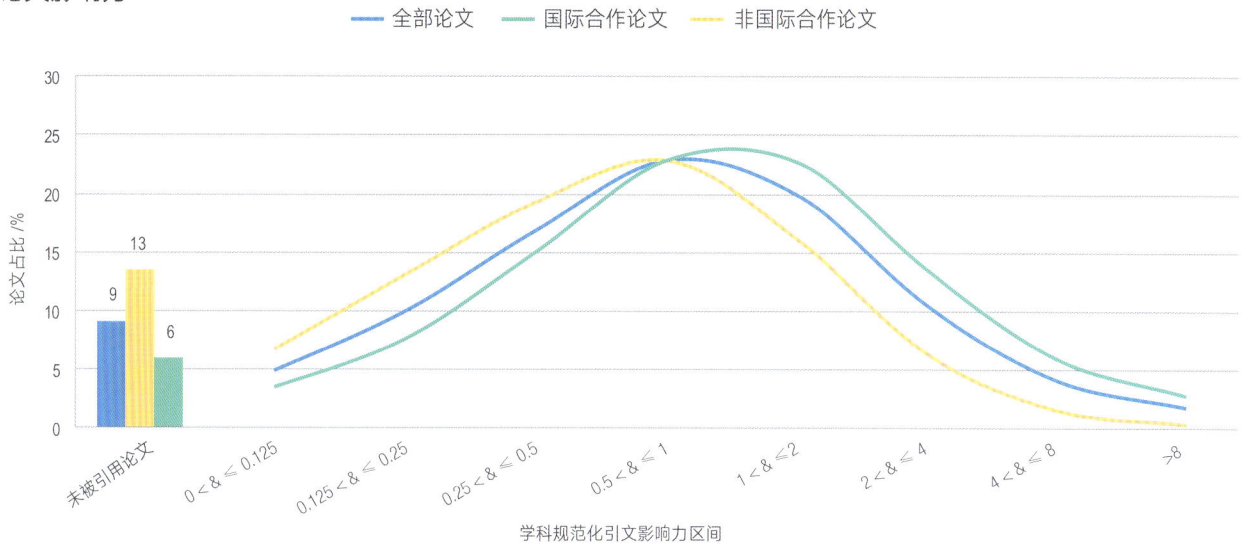

国际科研合作

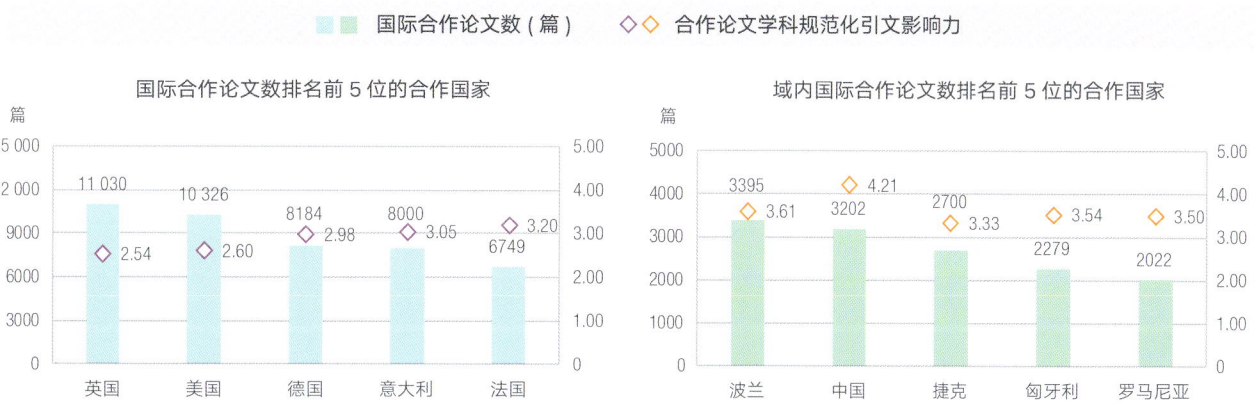

图例: 国际合作论文数（篇）　◇◇ 合作论文学科规范化引文影响力

国际合作论文数排名前 5 位的合作国家

篇

英国	美国	德国	意大利	法国
11 030	10 326	8184	8000	6749
2.54	2.60	2.98	3.05	3.20

域内国际合作论文数排名前 5 位的合作国家

篇

波兰	中国	捷克	匈牙利	罗马尼亚
3395	3202	2700	2279	2022
3.61	4.21	3.33	3.54	3.50

论文学科分布

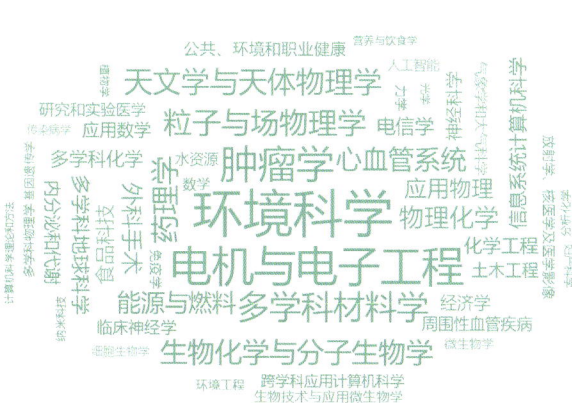

论文优势学科

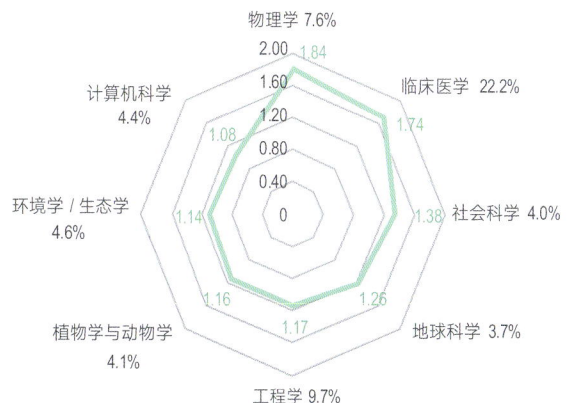

物理学 7.6% 1.84
临床医学 22.2% 1.74
社会科学 4.0% 1.38
地球科学 3.7% 1.26
工程学 9.7% 1.17
植物学与动物学 4.1% 1.16
环境学 / 生态学 4.6% 1.14
计算机科学 4.4% 1.08

内径：学科规范化引文影响力
各角名称：优势学科及学科论文占比

有效专利数

技术发明

■ 2014年 ■ 2015年 ■ 2016年 ■ 2017年 ■ 2018年

半径：有效专利数量（件）

5105

5530

1611

1420

1282

专利技术领域分布

专利优势技术领域

内径：2014—2018 年优势技术领域的专利被引次数（次）
各角名称：优势技术领域

80

匈牙利

- 创新投入方面，2017 年，匈牙利 R&D 经费投入为 18.8 亿美元，R&D 经费投入强度为 1.35%，R&D 人员数量为 4.0 万人年。

- 科学产出方面，匈牙利发表论文数从 2014 年的 7349 篇增加至 2018 年的 8300 篇。国际合作论文的影响力显著高于全部论文影响力。与匈牙利合作论文最多的 5 个国家是美国、德国、英国、法国和意大利，合作论文最多的 5 个域内国家是波兰、捷克、中国、罗马尼亚和希腊。匈牙利的优势学科为物理学、临床医学、环境学 / 生态学等。

- 技术产出方面，2014—2018 年匈牙利有效发明专利数稳步增长，2018 年为 4365 件。匈牙利专利优势技术领域主要有医用、卫生学、计算机和测量等。

国土人口	国土面积（平方千米）	93 030	人口（万人）	977
国民经济	GDP（现价百万美元）	155 703	人均 GDP（现价美元）	15 939
	10 年 GDP 平均增长率 (%)	4.9	FDI 流入额占 GDP 的比重 (%)	4.1
产业发展	高技术产品出口占制造业出口比重 (%)	16.9	ICT 服务贸易占服务业出口比重 (%)	8.4

R&D 经费支出

R&D 人员

R&D 投入

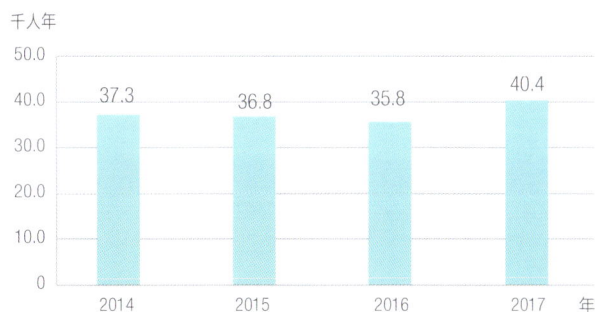

论文产出规模

域内论文合作关系网络

科学研究

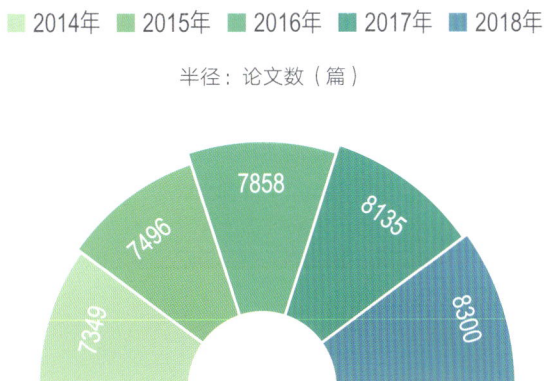

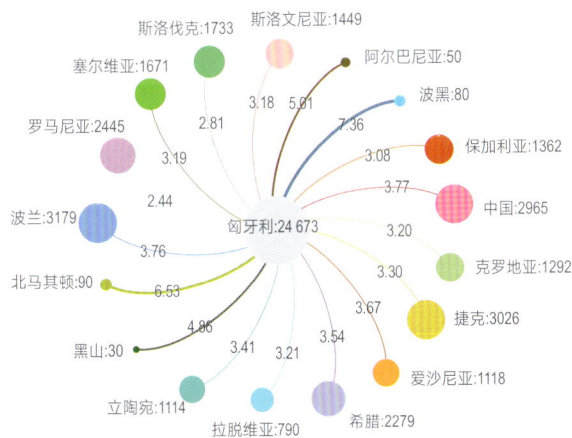

圆圈大小：域内国家与该国的合作论文数（篇）
线条粗细：合作论文学科规范化引文影响力

81

论文影响力

全部论文 — 国际合作论文 — 非国际合作论文

论文占比 /%

25
21
20
15
13
10
7
5
0

未被引用论文　0 < ε ≤ 0.125　0.125 < ε ≤ 0.25　0.25 < ε ≤ 0.5　0.5 < ε ≤ 1　1 < ε ≤ 2　2 < ε ≤ 4　4 < ε ≤ 8　>8

学科规范化引文影响力区间

国际科研合作

国际合作论文数（篇）　◇◇ 合作论文学科规范化引文影响力

国际合作论文数排名前 5 位的合作国家

篇

国家	论文数	引文影响力
美国	7250	2.91
德国	7072	2.91
英国	5962	3.23
法国	4778	3.53
意大利	4706	3.49

域内国际合作论文数排名前 5 位的合作国家

篇

国家	论文数	引文影响力
波兰	3179	3.76
捷克	3026	3.30
中国	2965	3.77
罗马尼亚	2445	2.44
希腊	2279	3.54

论文学科分布

天文学与天体物理学
生物化学与分子生物学
神经科学　环境科学　多学科化学　数学
应用物理　应用数学
内分泌和代谢　微生物学
原子、分子和化学物理
兽医学　植物学　细胞生物学　有机化学　动物学　经济学

论文优势学科

物理学 11.1%
2.50
2.00 2.23
1.50
1.00 1.94 临床医学 15.4%
0.75
化学 11.1% 0.50
0

植物学与动物学 7.1% 0.93 1.17 环境学 / 生态学 3.2%

神经科学与行为学 4.3% 0.99 1.10 生物学与生物化学 4.7%

社会科学 3.7% 1.01

内径：学科规范化引文影响力
各角名称：优势学科及学科论文占比

有效专利数

■ 2014年　■ 2015年　■ 2016年　■ 2017年　■ 2018年

半径：有效专利数量（件）

3201
3048
3852
2844
4365

专利技术领域分布

折射光学　胶质物　足球
深钻　大分子　牙科　尺寸　抗体
光圈　风车　丸剂
共聚物　疫扭　保热器　农业
夹头　容器　发动机
建筑物　医用　测量　电传导字机
表面活性剂　水泥　计算机　缩醛酸　绝缘(装置)
电疗法　脂肪酸　收割
眼相　假牙　晶体管　外科　农药　蛋白质　干燥器
前列腺素　均质　吸附　内浇口　卫生学

专利优势技术领域

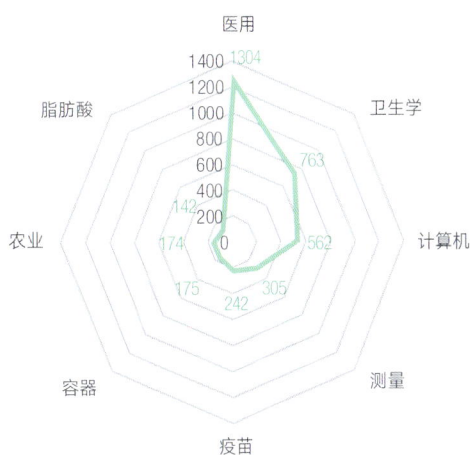

医用
1400 1304
脂肪酸　　　卫生学
1200
1000
800
600
400
174 142 200 763
农业　　0　　　计算机
175 242 305 562
容器　　　　测量
疫苗

内径：2014—2018年优势技术领域的专利被引次数（次）
各角名称：优势技术领域

83

拉脱维亚

- 创新投入方面，2017 年，拉脱维亚 R&D 经费投入为 1.6 亿美元，R&D 经费投入强度为 0.51%，R&D 人员数量为 5378 人年。

- 科学产出方面，拉脱维亚发表论文数从 2014 年的 691 篇增加至 2018 年的 1048 篇。国际合作论文的影响力显著高于全部论文影响力。与拉脱维亚合作论文最多的 5 个国家是德国、立陶宛、英国、波兰和俄罗斯，合作论文最多的 5 个域内国家是立陶宛、波兰、爱沙尼亚、捷克和匈牙利。拉脱维亚的优势学科为临床医学、生物学与生物化学、物理学等。

- 技术产出方面，2018 年拉脱维亚有效发明专利数为 909 件。拉脱维亚专利优势技术领域主要有医用、卫生学、测量和水泥等。

国土人口	国土面积（平方千米）	64 490	人口（万人）	193
国民经济	GDP（现价百万美元）	34 849	人均 GDP(现价美元)	18 089
	10 年 GDP 平均增长率 (%)	4.8	FDI 流入额占 GDP 的比重 (%)	2.5
产业发展	高技术产品出口占制造业出口比重 (%)	19.3	ICT 服务贸易占服务业出口比重 (%)	13.8

R&D 经费支出　　　　　　　　　　　　　　R&D 人员　　　　　　　　　R&D 投入

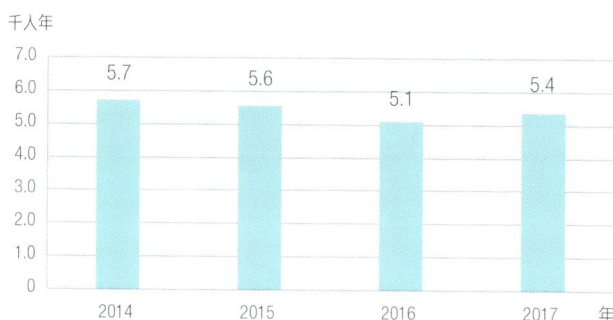

论文产出规模　　　　　　　　　　　域内论文合作关系网络　　　　　科学研究

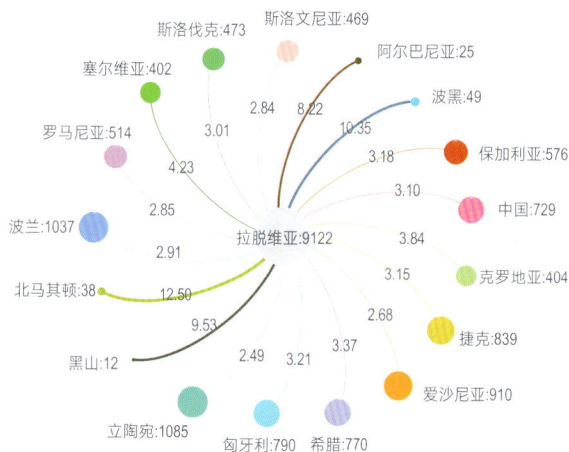

圆圈大小：域内国家与该国的合作论文数（篇）
线条粗细：合作论文学科规范化引文影响力

论文影响力

全部论文　国际合作论文　非国际合作论文

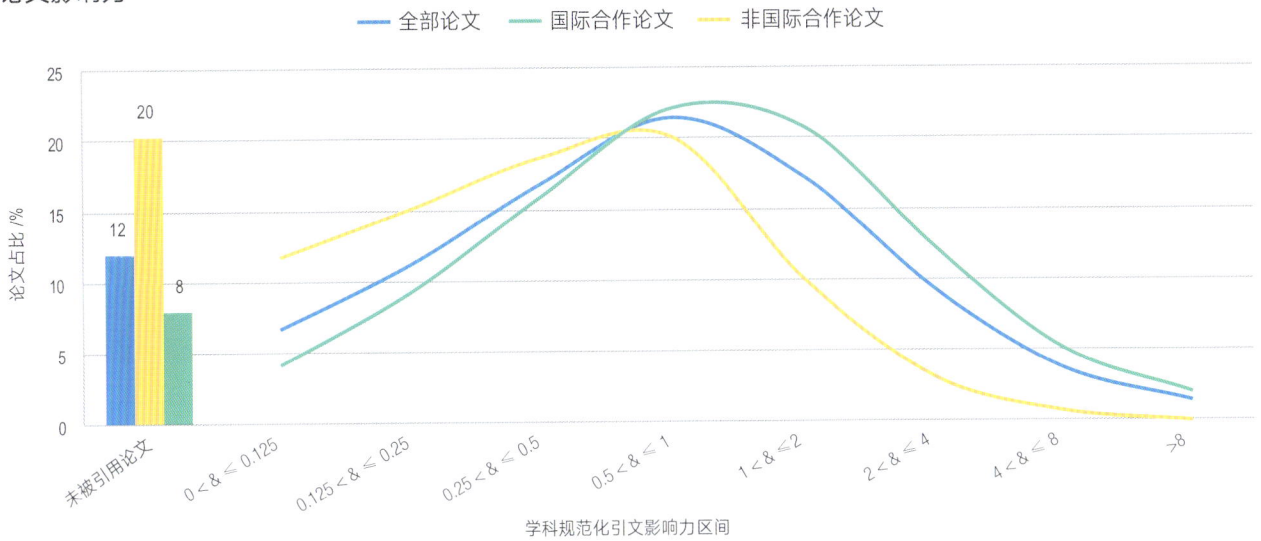

论文占比 /%

学科规范化引文影响力区间

国际科研合作

国际合作论文数（篇）　　合作论文学科规范化引文影响力

国际合作论文数排名前 5 位的合作国家

篇

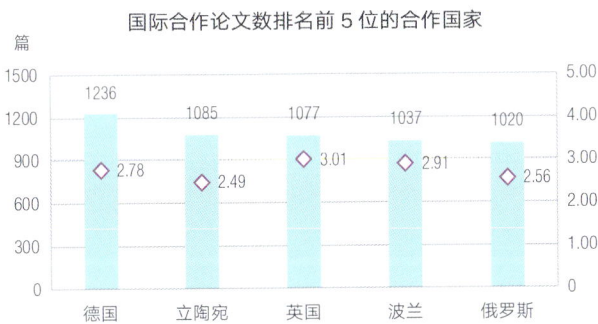

德国	立陶宛	英国	波兰	俄罗斯
1236	1085	1077	1037	1020
2.78	2.49	3.01	2.91	2.56

域内国际合作论文数排名前 5 位的合作国家

篇

立陶宛	波兰	爱沙尼亚	捷克	匈牙利
1085	1037	910	839	790
2.49	2.91	2.68	3.15	3.21

论文学科分布

论文优势学科

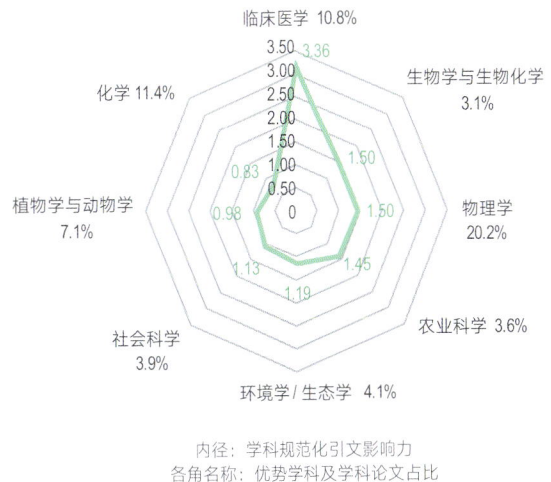

内径：学科规范化引文影响力
各角名称：优势学科及学科论文占比

85

有效专利数

■ 2014年　■ 2015年　■ 2016年　■ 2017年　■ 2018年

半径：有效专利数量（件）

1062　976　776　877　909

专利技术领域分布

扣链齿轮　动物房舍
电传打字机　晶体管　外科
平底雪橇　建筑物　阳台
袋电机　足球　计算机　光圈
绞盘绞车　场　器　人体测量工具
三明治结构　卤化物
夹头　水泥　断路器　化妆品　拆卸光学
蛋白质　共聚物　脂肪酸　放电管　农药
园艺　表面活性剂　农业　消毒
娱乐　外衣　温室　熔炼　染料　旋翼飞机
容器

专利优势技术领域

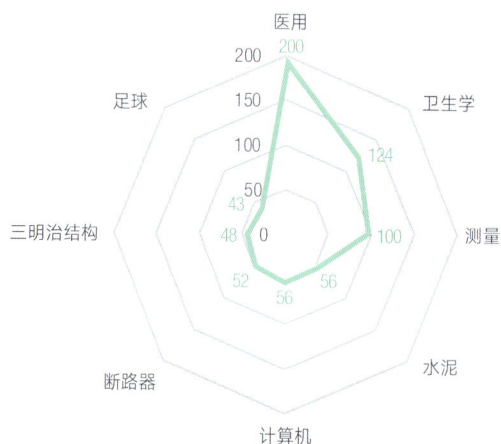

医用　200
卫生学　124
测量　100
水泥　56
计算机　56
断路器　52
三明治结构　48
足球　43

内径：2014—2018 年优势技术领域的专利被引次数（次）
各角名称：优势技术领域

立陶宛

- 创新投入方面，2017 年，立陶宛 R&D 经费投入为 4.2 亿美元，R&D 经费投入强度为 0.89%，R&D 人员数量为 1.2 万人年。

- 科学产出方面，立陶宛发表论文数从 2014 年的 2257 篇增加至 2018 年的 2837 篇。国际合作论文的影响力显著高于全部论文影响力。与立陶宛合作论文最多的 5 个国家是德国、美国、英国、意大利和波兰，合作论文最多的 5 个域内国家是波兰、捷克、希腊、中国和匈牙利。立陶宛的优势学科为物理学、临床医学、环境学 / 生态学等。

- 技术产出方面，2018 年立陶宛有效发明专利数为 748 件。立陶宛专利优势技术领域主要有焊接、医用、激光器和测量等。

国土人口	国土面积（平方千米）	65 286	人口（万人）	279
国民经济	GDP（现价百万美元）	53 251	人均 GDP（现价美元）	19 090
	10 年 GDP 平均增长率 (%)	3.5	FDI 流入额占 GDP 的比重 (%)	1.7
产业发展	高技术产品出口占制造业出口比重 (%)	12.1	ICT 服务贸易占服务业出口比重 (%)	5.6

R&D 经费支出

`R&D 投入`

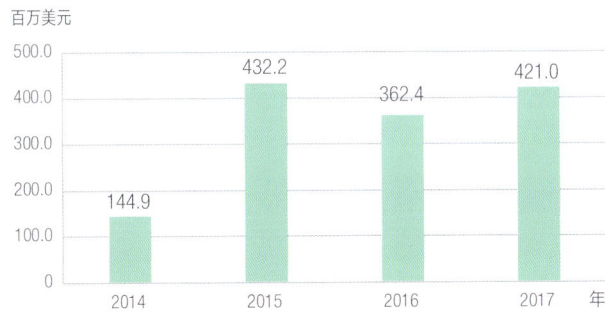

百万美元

R&D 人员

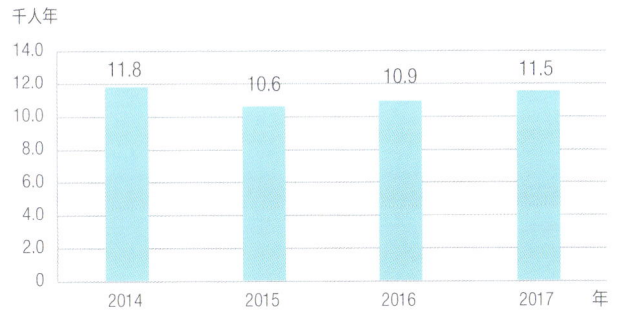

千人年

论文产出规模

`科学研究`

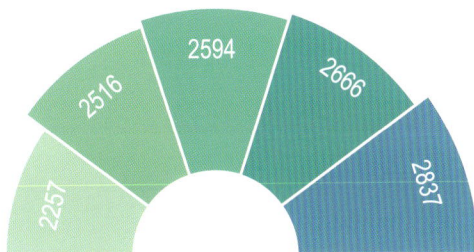

■ 2014年 ■ 2015年 ■ 2016年 ■ 2017年 ■ 2018年

半径：论文数（篇）

域内论文合作关系网络

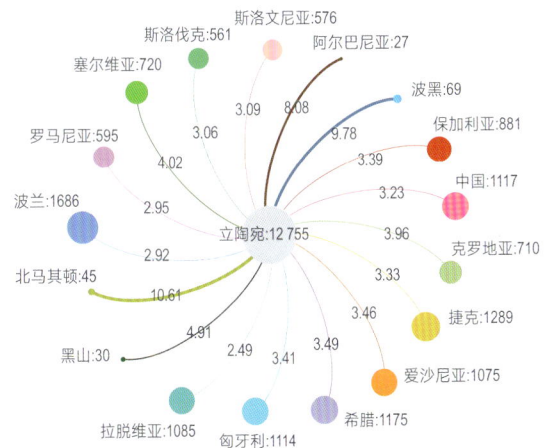

圆圈大小：域内国家与该国的合作论文数（篇）
线条粗细：合作论文学科规范化引文影响力

论文影响力

—— 全部论文　　—— 国际合作论文　　- - 非国际合作论文

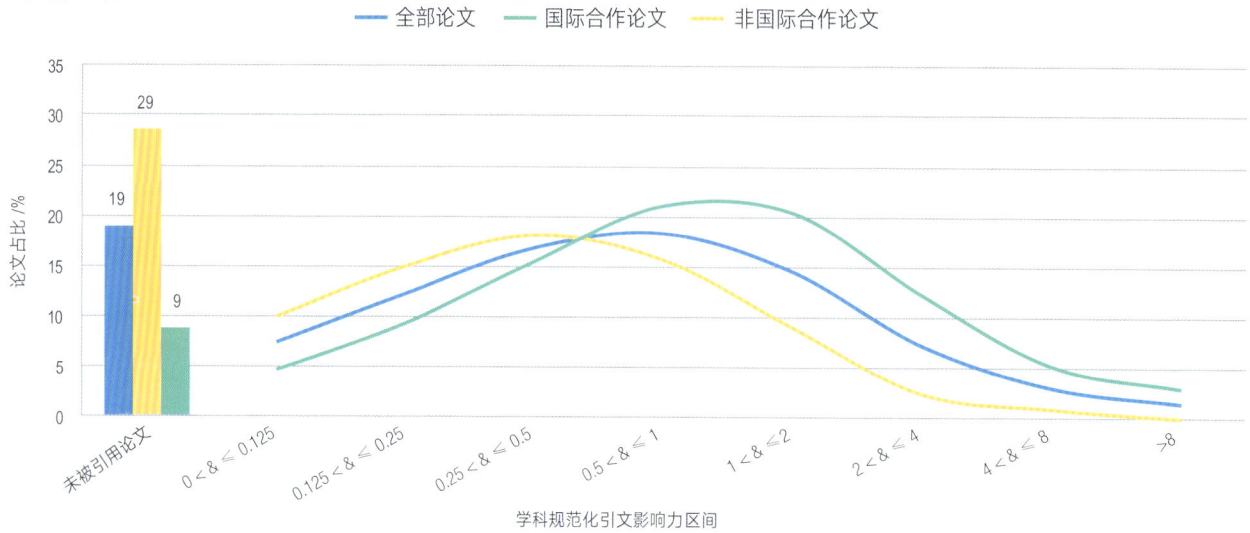

纵轴：论文占比 /%

横轴：学科规范化引文影响力区间
（未被引用论文 19、29、9；0 < 8 ≤ 0.125；0.125 < 8 ≤ 0.25；0.25 < 8 ≤ 0.5；0.5 < 8 ≤ 1；1 < 8 ≤ 2；2 < 8 ≤ 4；4 < 8 ≤ 8；>8）

国际科研合作

■ 国际合作论文数（篇）　◇◇ 合作论文学科规范化引文影响力

国际合作论文数排名前 5 位的合作国家

篇

德国	美国	英国	意大利	波兰
1983	1855	1836	1723	1686
2.81	2.79	2.94	3.07	2.92

域内国际合作论文数排名前 5 位的合作国家

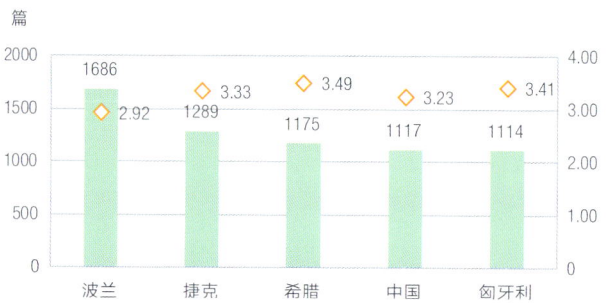

篇

波兰	捷克	希腊	中国	匈牙利
1686	1289	1175	1117	1114
2.92	3.33	3.49	3.23	3.41

论文学科分布

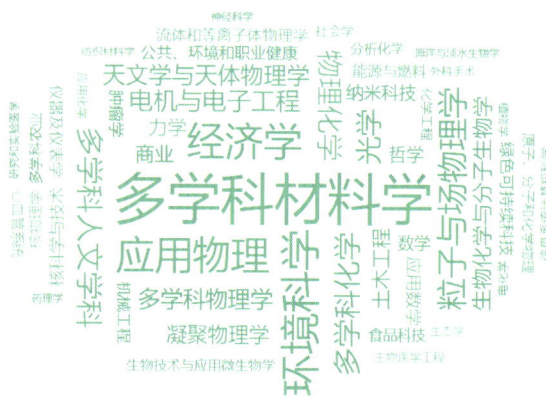

论文优势学科

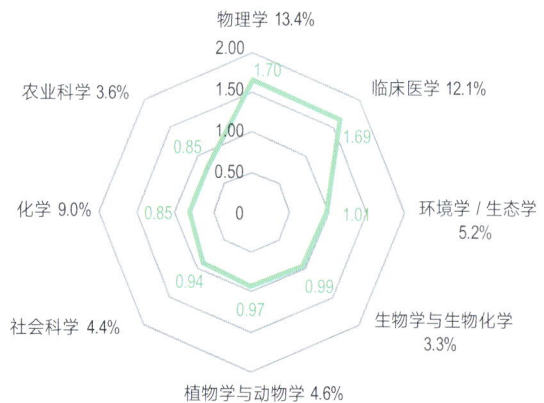

物理学 13.4%
临床医学 12.1%
农业科学 3.6%
环境学 / 生态学 5.2%
化学 9.0%
生物学与生物化学 3.3%
社会科学 4.4%
植物学与动物学 4.6%

（1.70、1.69、1.01、0.99、0.97、0.94、0.85、0.85）

内径：学科规范化引文影响力
各角名称：优势学科及学科论文占比

有效专利数

■ 2014年　■ 2015年　■ 2016年　■ 2017年　■ 2018年

半径：有效专利数量（件）

专利技术领域分布

专利优势技术领域

内径：2014—2018年优势技术领域的专利被引次数（次）

各角名称：优势技术领域

黑山

- 创新投入方面，2016 年，黑山 R&D 经费投入为 1419.5 万美元，R&D 经费投入强度为 0.31%，R&D 人员数量为 624 人年。

- 科学产出方面，黑山发表论文数从 2014 年的 217 篇增加至 2018 年的 329 篇。国际合作论文的影响力显著高于全部论文影响力。与黑山合作论文最多的 5 个国家是塞尔维亚、克罗地亚、意大利、斯洛文尼亚和波黑，合作论文最多的 5 个域内国家是塞尔维亚、克罗地亚、斯洛文尼亚、波黑和波兰。黑山的优势学科为临床医学、经济学与商学、环境学 / 生态学等。

- 技术产出方面，2014—2018 年黑山有效发明专利数呈增长趋势，2018 年为 12 件。黑山专利优势技术领域主要有放电管、葡萄栽培、农业和发动机等。

国土人口	国土面积（平方千米）	13 810	人口（万人）	62
国民经济	GDP（现价百万美元）	5452	人均 GDP(现价美元）	8761
	10 年 GDP 平均增长率 (%)	4.9	FDI 流入额占 GDP 的比重 (%)	9.0
产业发展	高技术产品出口占制造业出口比重 (%)	3.2	ICT 服务贸易占服务业出口比重 (%)	4.4

R&D 经费支出

R&D 投入

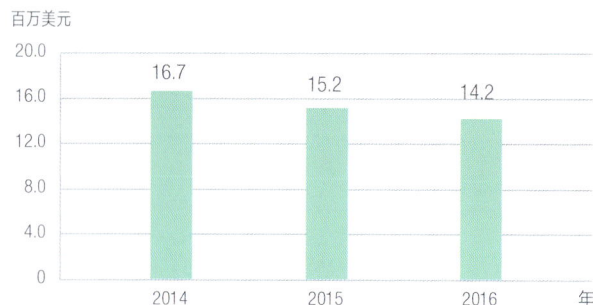

R&D 人员

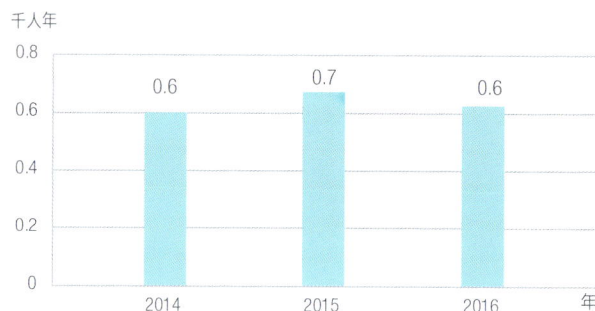

论文产出规模

科学研究

域内论文合作关系网络

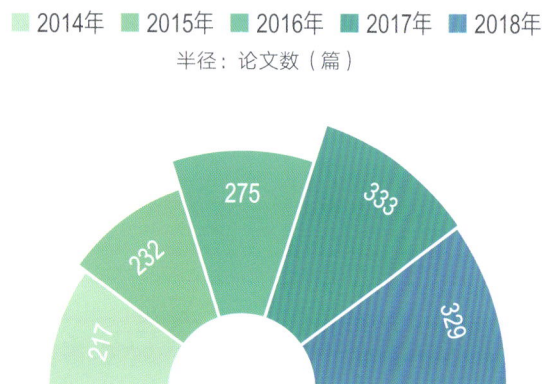

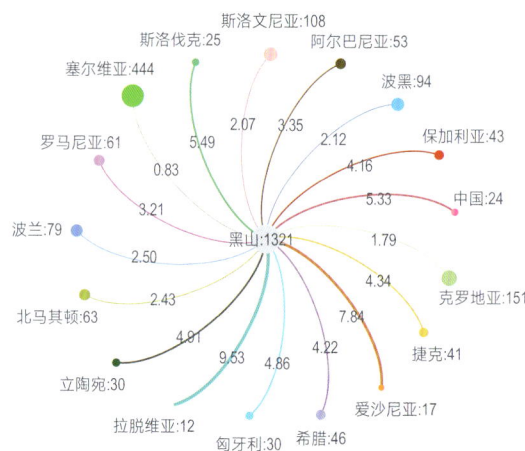

圆圈大小：域内国家与该国的合作论文数（篇）
线条粗细：合作论文学科规范化引文影响力

论文影响力

图例：—— 全部论文　—— 国际合作论文　- - 非国际合作论文

纵轴：论文占比 /%
横轴：学科规范化引文影响力区间

柱状图数据：未被引用论文 全部论文 19，非国际合作论文 30，国际合作论文 14

横轴区间：$0 < \xi \leqslant 0.125$，$0.125 < \xi \leqslant 0.25$，$0.25 < \xi \leqslant 0.5$，$0.5 < \xi \leqslant 1$，$1 < \xi \leqslant 2$，$2 < \xi \leqslant 4$，$4 < \xi \leqslant 8$，$>8$

国际科研合作

图例：国际合作论文数（篇）　合作论文学科规范化引文影响力

国际合作论文数排名前 5 位的合作国家

合作国家	国际合作论文数（篇）	合作论文学科规范化引文影响力
塞尔维亚	444	0.83
克罗地亚	151	1.79
意大利	119	2.43
斯洛文尼亚	108	2.07
波黑	94	2.12

域内国际合作论文数排名前 5 位的合作国家

合作国家	国际合作论文数（篇）	合作论文学科规范化引文影响力
塞尔维亚	444	0.83
克罗地亚	151	1.79
斯洛文尼亚	108	2.07
波黑	94	2.12
波兰	79	2.50

论文学科分布

论文优势学科

临床医学 14.1%　1.24
经济学与商学 3.1%　0.90
环境学 / 生态学 5.3%　0.79
植物学与动物学 13.3%　0.70
计算机科学 3.8%　0.62
数学 7.1%　0.61
工程学 16.5%　0.57

内径：学科规范化引文影响力
各角名称：优势学科及学科论文占比

有效专利数

■ 2014年 ■ 2015年 ■ 2016年 ■ 2017年 ■ 2018年

半径：有效专利数量（件）

专利技术领域分布

专利优势技术领域

内径：2014—2018年优势技术领域的专利被引次数（次）
各角名称：优势技术领域

北马其顿

- 创新投入方面，2017 年，北马其顿 R&D 经费投入为 4007.1 万美元，R&D 经费投入强度为 0.35%，R&D 人员数量为 1870 人年。

- 科学产出方面，北马其顿发表论文数从 2014 年的 437 篇增加至 2018 年的 455 篇。国际合作论文的影响力显著高于全部论文影响力。与北马其顿合作论文最多的 5 个国家是塞尔维亚、德国、美国、意大利和英国，合作论文最多的 5 个域内国家是塞尔维亚、克罗地亚、斯洛文尼亚、保加利亚和希腊。北马其顿的优势学科为临床医学、数学、植物学与动物学等。

- 技术产出方面，2014—2018 年北马其顿有效发明专利数稳步增长，2018 年为 24 件。

国土人口	国土面积（平方千米）	25 710	人口（万人）	208
国民经济	GDP（现价百万美元）	12 672	人均 GDP（现价美元）	6084
	10 年 GDP 平均增长率 (%)	2.7	FDI 流入额占 GDP 的比重 (%)	5.8
产业发展	高技术产品出口占制造业出口比重 (%)	4.0	ICT 服务贸易占服务业出口比重 (%)	11.2

R&D 经费支出

`R&D 投入`

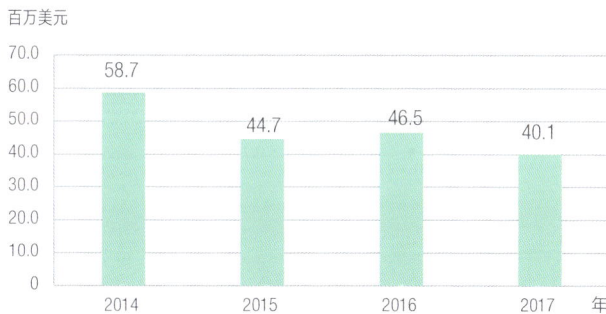

R&D 人员

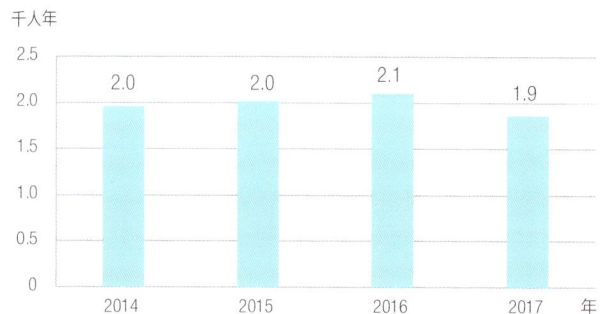

论文产出规模

`科学研究`

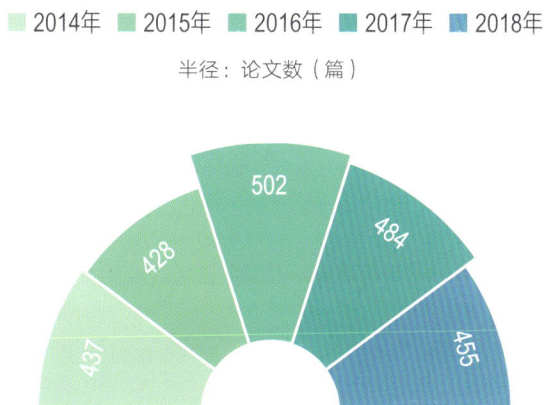

域内论文合作关系网络

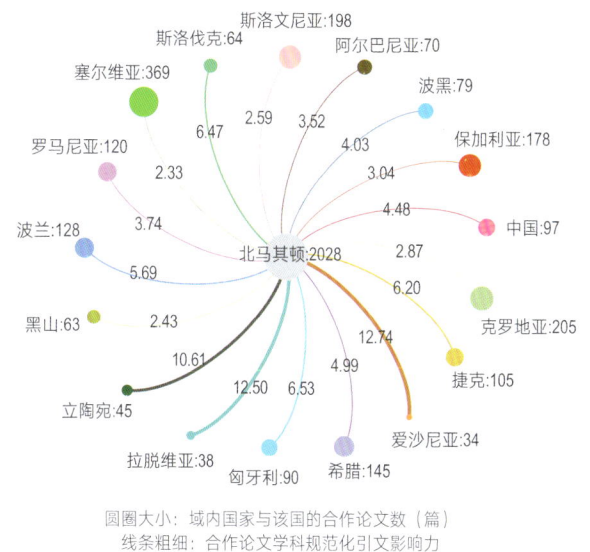

圆圈大小：域内国家与该国的合作论文数（篇）
线条粗细：合作论文学科规范化引文影响力

论文影响力

全部论文 —— 国际合作论文 —— 非国际合作论文

纵轴：论文占比 /%
横轴：学科规范化引文影响力区间

国际科研合作

国际合作论文数（篇）　　合作论文学科规范化引文影响力

国际合作论文数排名前 5 位的合作国家

篇

	塞尔维亚	德国	美国	意大利	英国
论文数	369	315	287	257	211
影响力	2.33	3.40	3.13	3.72	4.55

域内国际合作论文数排名前 5 位的合作国家

篇

	塞尔维亚	克罗地亚	斯洛文尼亚	保加利亚	希腊
论文数	369	205	198	178	145
影响力	2.33	2.87	2.59	3.04	4.99

论文学科分布

论文优势学科

临床医学 16.5%　2.13
数学 4.1%　1.16
植物学与动物学 7.8%　1.14
物理学 6.3%　1.11
环境学 / 生态学 6.3%　0.92
社会科学 3.9%　0.80
工程学 8.6%　0.78
计算机科学 4.9%　0.73

内径：学科规范化引文影响力
各角名称：优势学科及学科论文占比

有效专利数

■ 2014年 ■ 2015年 ■ 2016年 ■ 2017年 ■ 2018年

半径：有效专利数量（件）

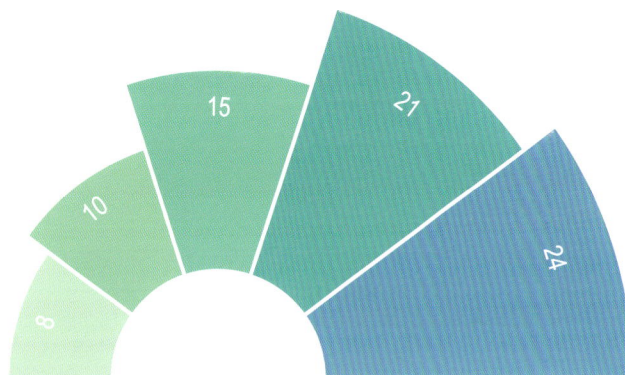

波兰

- 创新投入方面，2017 年，波兰 R&D 经费投入为 54.5 亿美元，R&D 经费投入强度为 1.04%，R&D 人员数量为 12.1 万人年。

- 科学产出方面，波兰发表论文数从 2014 年的 2.7 万篇增加至 2018 年的 3.2 万篇。国际合作论文的影响力显著高于全部论文影响力。与波兰合作论文最多的 5 个国家是美国、德国、英国、法国和意大利，合作论文最多的 5 个域内国家是捷克、中国、希腊、匈牙利和罗马尼亚。波兰的优势学科为临床医学、物理学、农业科学等。

- 技术产出方面，2014—2018 年，波兰有效发明专利数稳步增长，2018 年为 6617 件。波兰专利优势技术领域主要分布在医用、卫生学、测量和共聚物等。

国土人口	国土面积（平方千米）	312 680	人口（万人）	3798
国民经济	GDP（现价百万美元）	585 783	人均 GDP（现价美元）	15 424
	10 年 GDP 平均增长率 (%)	5.1	FDI 流入额占 GDP 的比重 (%)	2.0
产业发展	高技术产品出口占制造业出口比重 (%)	10.6	ICT 服务贸易占服务业出口比重 (%)	10.7

R&D 经费支出

R&D 投入

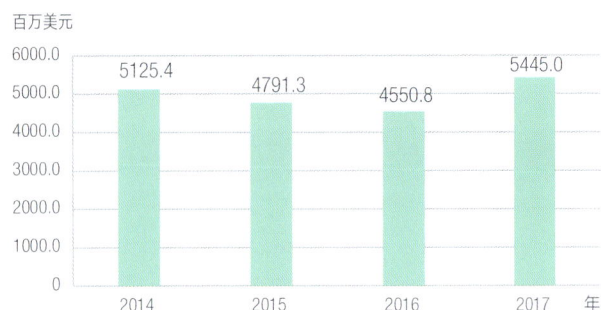

R&D 人员

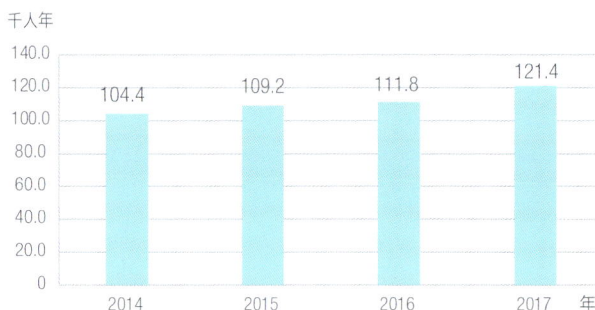

论文产出规模

科学研究

域内论文合作关系网络

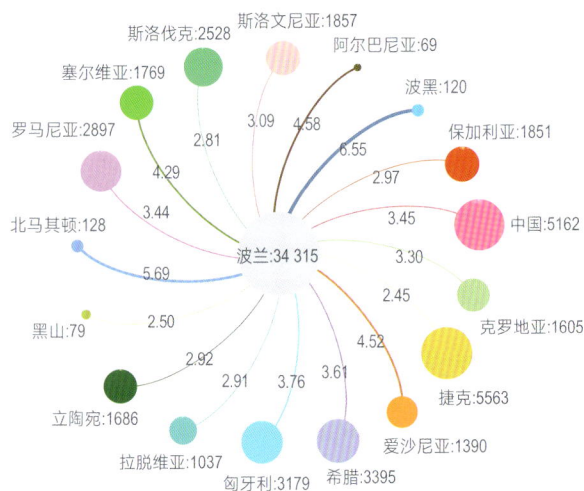

圈圈大小：域内国家与该国的合作论文数（篇）
线条粗细：合作论文学科规范化引文影响力

论文影响力

全部论文 ——— 国际合作论文 ——— 非国际合作论文

论文占比 /%

25
20
17
15 14
10
7
5
0

未被引用论文　0 < 8 ≤ 0.125　0.125 < 8 ≤ 0.25　0.25 < 8 ≤ 0.5　0.5 < 8 ≤ 1　1 < 8 ≤ 2　2 < 8 ≤ 4　4 < 8 ≤ 8　> 8

学科规范化引文影响力区间

国际科研合作

国际合作论文数（篇）　◇◇ 合作论文学科规范化引文影响力

国际合作论文数排名前 5 位的合作国家

篇
20 000
15 000 15 054　14 269
　　　　2.56　　2.57　11 444　2.90　9892　2.99　9501　3.18
10 000
5000
0
美国　德国　英国　法国　意大利

4.00
3.00
2.00
1.00
0

域内国际合作论文数排名前 5 位的合作国家

篇
6000 5563
5000　　5162
4000　　　　3395　3179
3000　　3.45　3.61　3.76　2897 3.44
2.45
2000
1000
0
捷克　中国　希腊　匈牙利　罗马尼亚

6.00
5.00
4.00
3.00
2.00
1.00
0

论文学科分布

能源与燃料 植物理学
生物技术与应用微生物学
研究和实验医学 植物学 有机化学
凝聚物理学 粒子与场物理学
分析化学 多学科物理学
环境科学 药理学
原子、分子和化学物理 多学科化学 应用数学
天文学与天体物理学 物理化学 力学
数学 神经科学 细胞生物学 冶金和冶金工程
兽医学 光学
生物化学与分子生物学
人工智能 电机与电子工程 外科手术
热力学 仪器及仪表学 纳米科技

论文优势学科

临床医学 13.3%
1.45
物理学 10.0%
1.27
环境学 / 生态学 5.1%
0.73
农业科学 3.3%
0.99
生物学与生物化学 4.5%
0.76
0.87 数学 4.0%
0.80
植物学与动物学 7.3%
0.81
工程学 7.4%

内径：学科规范化引文影响力
各角名称：优势学科及学科论文占比

97

有效专利数

■ 2014年 ■ 2015年 ■ 2016年 ■ 2017年 ■ 2018年

半径：有效专利数量（件）

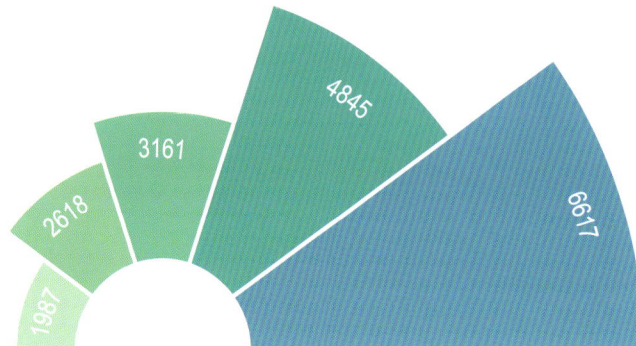

1987
2618
3161
4845
6617

专利技术领域分布

专利优势技术领域

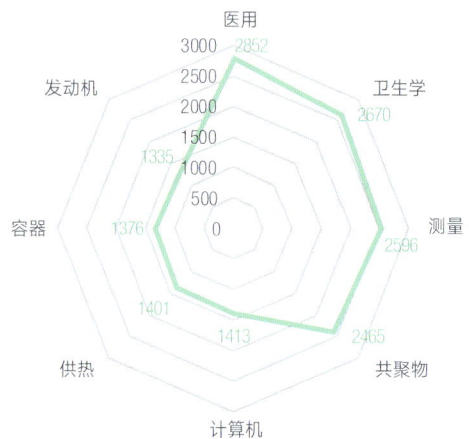

内径：2014—2018 年优势技术领域的专利被引次数（次）
各角名称：优势技术领域

罗马尼亚

- 创新投入方面,2017年,罗马尼亚 R&D 经费投入为10.7亿美元,R&D 经费投入强度为0.5%,R&D 人员数量为3.3万人年。

- 科学发明方面,罗马尼亚发表论文数从2014年的7803篇增加至2018年的8666篇。国际合作论文的影响力显著高于全部论文影响力。与罗马尼亚合作论文最多的5个国家是法国、德国、美国、意大利和英国,合作论文最多的5个域内国家是波兰、中国、匈牙利、希腊和捷克。罗马尼亚的优势学科为临床医学、物理学、数学等。

- 技术发明方面,2018年罗马尼亚有效发明专利数为2097件。罗马尼亚专利优势技术领域主要有计算机、电传打字机、发动机和医用等。

国土人口	国土面积（平方千米）	238 400	人口（万人）	1947
国民经济	GDP（现价百万美元）	239 553	人均 GDP(现价美元)	12 301
	10 年 GDP 平均增长率 (%)	4.1	FDI 流入额占 GDP 的比重 (%)	2.4
产业发展	高技术产品出口占制造业出口比重 (%)	10.1	ICT 服务贸易占服务业出口比重 (%)	18.3

R&D 经费支出

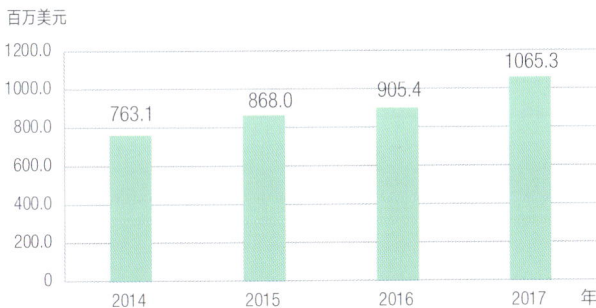

R&D 人员

R&D 投入

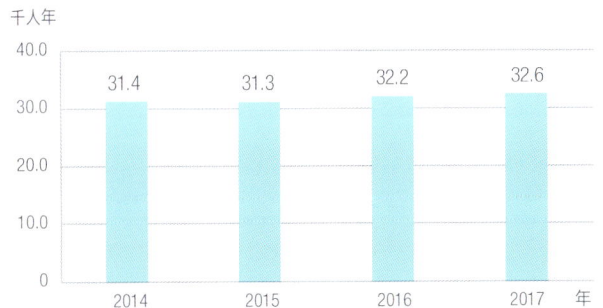

论文产出规模

域内论文合作关系网络

科学研究

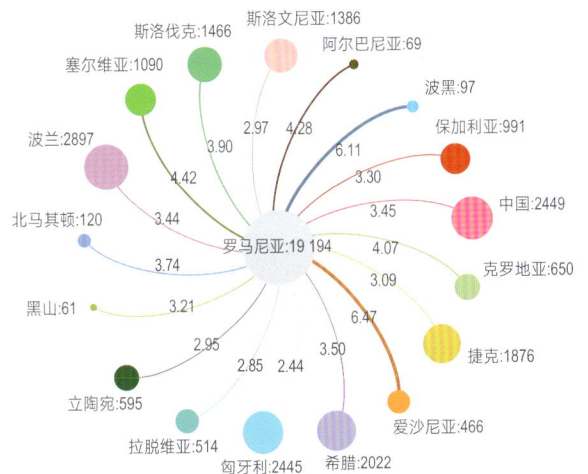

圆圈大小：域内国家与该国的合作论文数（篇）
线条粗细：合作论文学科规范化引文影响力

论文影响力

图例: 全部论文 | 国际合作论文 | 非国际合作论文

纵轴: 论文占比 /%

横轴（柱状图）: 未被引用论文

柱状图数值: 19, 27, 10

横轴（曲线图）: 0 < δ ≤ 0.125, 0.125 < δ ≤ 0.25, 0.25 < δ ≤ 0.5, 0.5 < δ ≤ 1, 1 < δ ≤ 2, 2 < δ ≤ 4, 4 < δ ≤ 8, >8

横轴标题: 学科规范化引文影响力区间

国际科研合作

图例: 国际合作论文数（篇） ◇ ◇ 合作论文学科规范化引文影响力

国际合作论文数排名前 5 位的合作国家

篇

国家	论文数	引文影响力
法国	5024	2.58
德国	4644	2.85
美国	4610	2.93
意大利	4401	3.04
英国	3819	3.30

域内国际合作论文数排名前 5 位的合作国家

篇

国家	论文数	引文影响力
波兰	2897	3.44
中国	2449	3.45
匈牙利	2445	2.44
希腊	2022	3.50
捷克	1876	3.09

论文学科分布

多学科化学 多学科材料学 应用数学 数学 化学工程 多学科物理学 药理学 环境科学 物理化学 电机与电子工程 应用物理 生物技术与应用微生物学 无机与核化学 跨学科应用数学 肿瘤学 心血管系统 核物理学 机械工程 能源与燃料 高分子科学 纳米科技 发育生物学 天文学与天体物理学 凝聚态物理学 生物化学与分子生物学 涂料和薄膜材料科学 数字物理学 计算机科学理论和方法 研究和实验医学 人工智能 食品科学

论文优势学科

临床医学 11.0% — 1.98
物理学 10.9% — 1.44
数学 8.2% — 1.11
工程学 6.8% — 0.94
药理学与毒理学 3.0% — 0.81
环境学 / 生态学 4.8% — 0.73
社会科学 3.3% — 0.58
化学 17.4% — 0.52

内径刻度: 0, 0.50, 1.00, 1.50, 2.00, 2.50

内径：学科规范化引文影响力
各角名称：优势学科及学科论文占比

技术发明

有效专利数

■ 2014年 ■ 2015年 ■ 2016年 ■ 2017年 ■ 2018年

半径：有效专利数量（件）

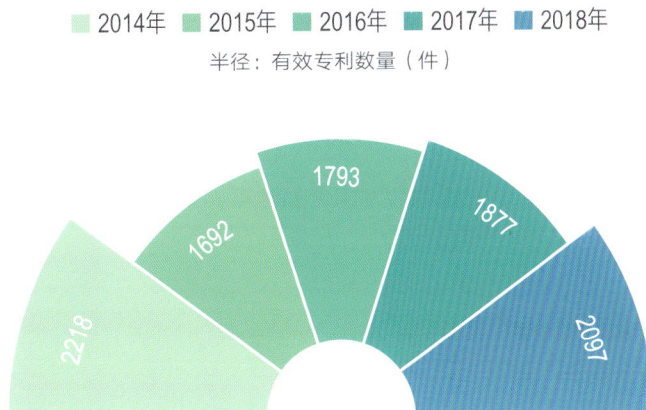

专利技术领域分布

专利优势技术领域

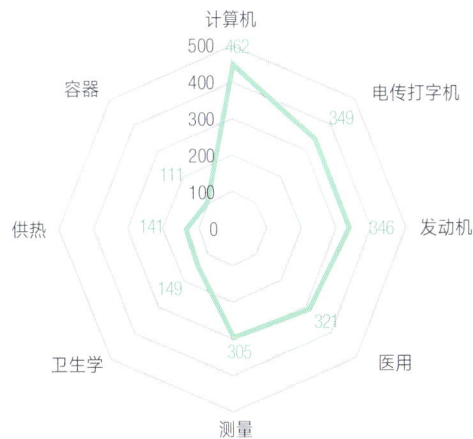

内径：2014—2018 年优势技术领域的专利被引次数（次）
各角名称：优势技术领域

101

塞尔维亚

- 创新投入方面,2017年,塞尔维亚R&D经费投入为3.9亿美元,R&D经费投入强度为0.93%,R&D人员数量为2.1万人年。

- 科学产出方面,塞尔维亚发表论文数从2014年的5391篇增加至2018年的5670篇。国际合作论文的影响力显著高于全部论文影响力。与塞尔维亚合作论文最多的5个国家是美国、德国、意大利、英国和西班牙,合作论文最多的5个域内国家是希腊、波兰、中国、匈牙利和捷克。塞尔维亚的优势学科为物理学、临床医学、数学等。

- 技术产出方面,2014—2018年,塞尔维亚有效发明专利数平稳增长,2018年为582件。塞尔维亚专利优势技术领域主要有医用、计算机、发动机、容器等。

国土人口	国土面积（平方千米）	88 360	人口（万人）	698
国民经济	GDP（现价百万美元）	50 508	人均 GDP（现价美元）	7234
	10 年 GDP 平均增长率 (%)	4.3	FDI 流入额占 GDP 的比重 (%)	7.8
产业发展	高技术产品出口占制造业出口比重 (%)	—	ICT 服务贸易占服务业出口比重 (%)	16.0

R&D 经费支出

R&D 投入

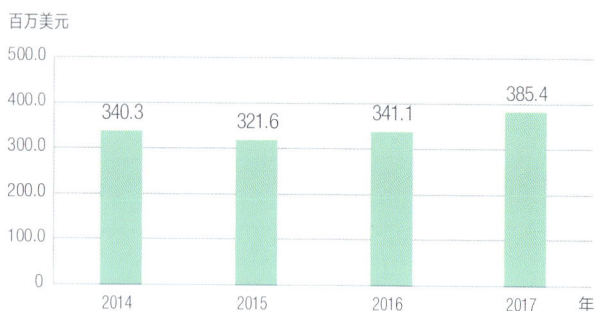

R&D 人员

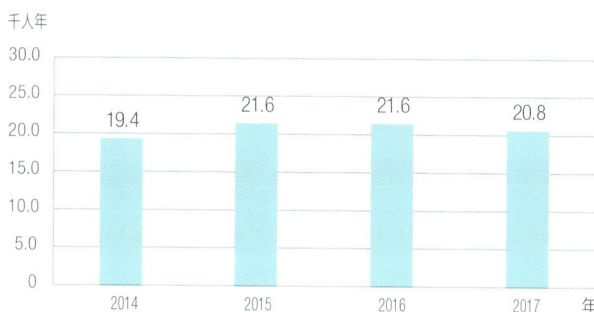

论文产出规模

科学研究

域内论文合作关系网络

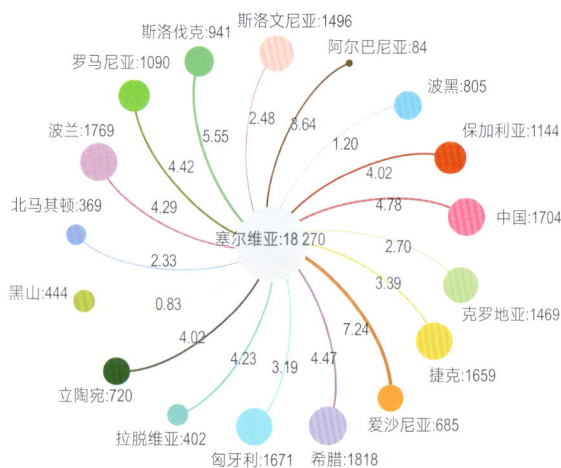

圆圈大小：域内国家与该国的合作论文数（篇）
线条粗细：合作论文学科规范化引文影响力

论文影响力

全部论文 ——— 国际合作论文 ——— 非国际合作论文

论文占比 /%

学科规范化引文影响力区间

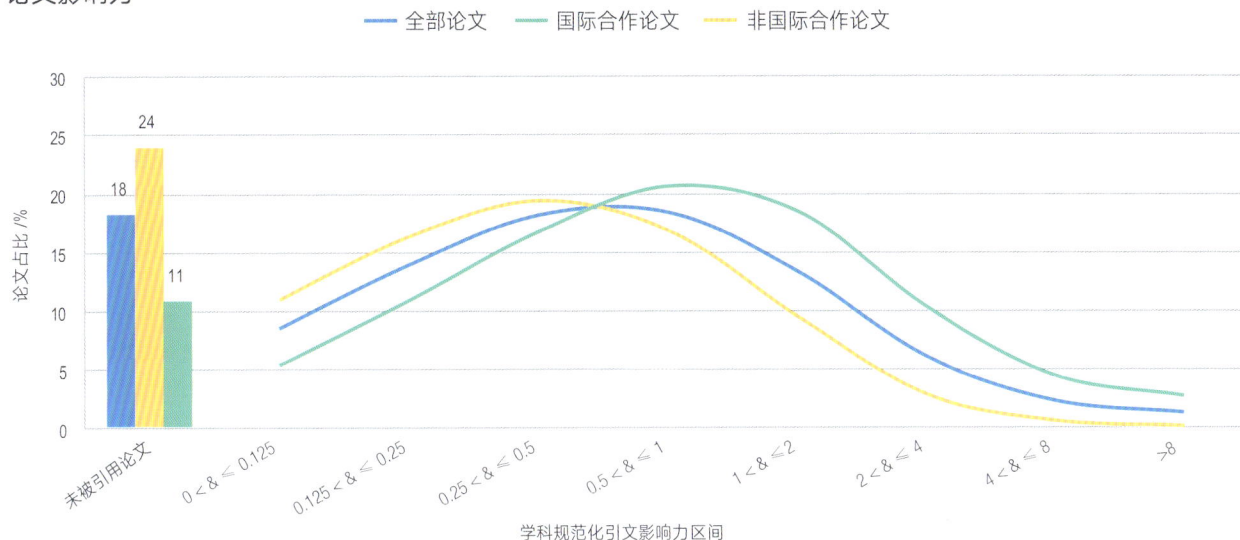

国际科研合作

国际合作论文数（篇） ◇◇ 合作论文学科规范化引文影响力

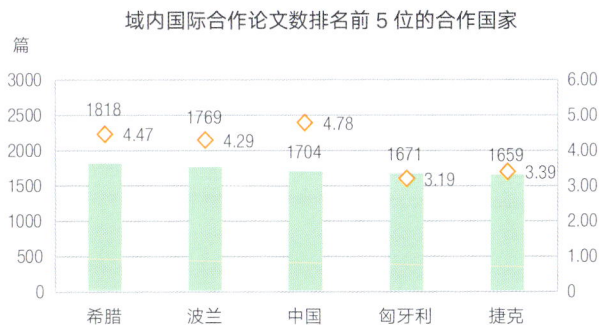

国际合作论文数排名前 5 位的合作国家

篇

	美国	德国	意大利	英国	西班牙
论文数	2858	2852	2784	2531	2181
影响力	3.60	3.78	3.75	4.15	4.50

域内国际合作论文数排名前 5 位的合作国家

篇

	希腊	波兰	中国	匈牙利	捷克
论文数	1818	1769	1704	1671	1659
影响力	4.47	4.29	4.78	3.19	3.39

论文学科分布

论文优势学科

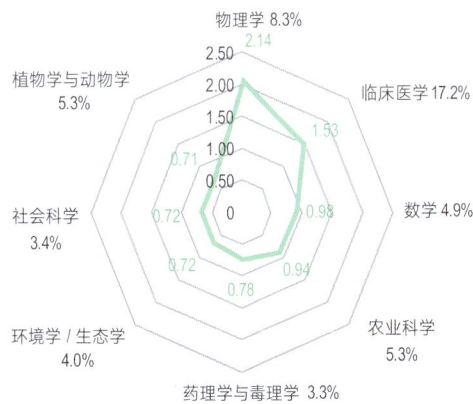

物理学 8.3% 2.14
临床医学 17.2% 1.53
数学 4.9% 0.95
农业科学 5.3% 0.94
药理学与毒理学 3.3% 0.78
环境学 / 生态学 4.0% 0.72
社会科学 3.4% 0.72
植物学与动物学 5.3% 0.71

内径：学科规范化引文影响力
各角名称：优势学科及学科论文占比

有效专利数

■ 2014年 ■ 2015年 ■ 2016年 ■ 2017年 ■ 2018年

半径：有效专利数量（件）

461 454 483 513 582

专利技术领域分布

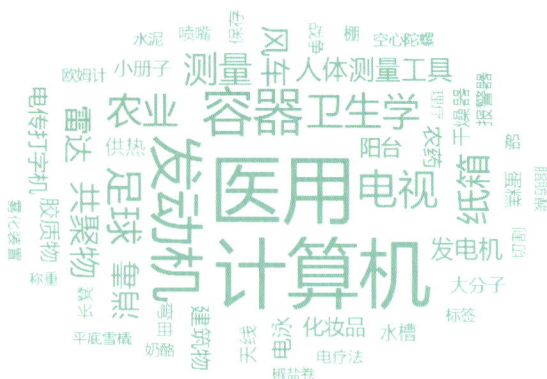

专利优势技术领域

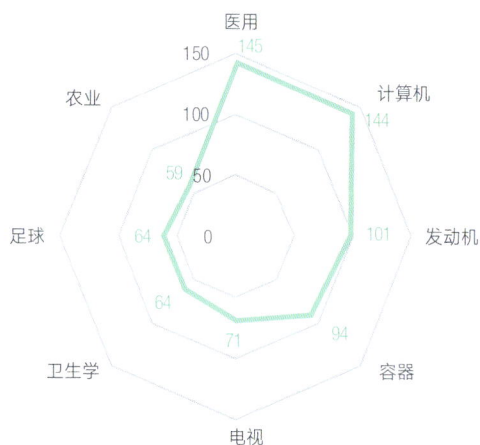

医用 145
计算机 144
发动机 101
容器 94
电视 71
卫生学 64
足球 64
农业 59

150 100 50 0

内径：2014—2018年优势技术领域的专利被引次数（次）
各角名称：优势技术领域

斯洛伐克

- 创新投入方面,2017 年,斯洛伐克 R&D 经费投入为 8.4 亿美元,R&D 经费投入强度为 0.88%,R&D 人员数量为 1.9 万人年。

- 科学产出方面,斯洛伐克发表论文数从 2014 年的 3788 篇增加至 2018 年的 4245 篇。国际合作论文的影响力显著高于全部论文影响力。与斯洛伐克合作论文最多的 5 个国家是捷克、德国、美国、波兰和英国,合作论文最多的 5 个域内国家是捷克、波兰、匈牙利、罗马尼亚和中国。斯洛伐克的优势学科为临床医学、物理学、环境学 / 生态学等。

- 技术产出方面,2014—2018 年斯洛伐克有效发明专利数快速增长,2018 年为 888 件。斯洛伐克专利优势技术领域主要有计算机、测量、医用和电视等。

国土人口	国土面积（平方千米）	49 030	人口（万人）	545
国民经济	GDP（现价百万美元）	106 472	人均 GDP（现价美元）	19 547
	10 年 GDP 平均增长率 (%)	4.1	FDI 流入额占 GDP 的比重 (%)	0.4
产业发展	高技术产品出口占制造业出口比重 (%)	10.6	ICT 服务贸易占服务业出口比重 (%)	13.9

R&D 经费支出

R&D 人员

R&D 投入

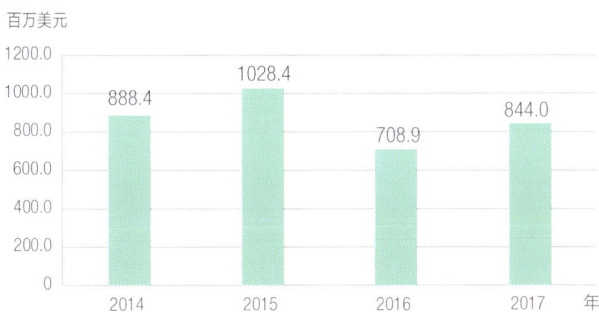

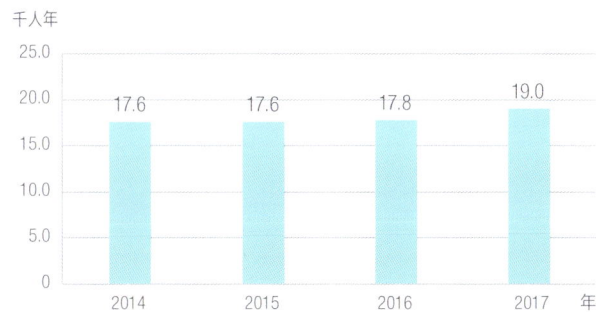

论文产出规模

域内论文合作关系网络

科学研究

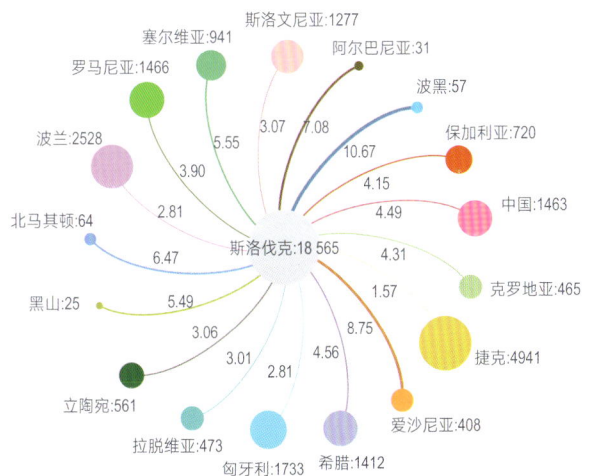

圆圈大小：域内国家与该国的合作论文数（篇）
线条粗细：合作论文学科规范化引文影响力

论文影响力

全部论文　　国际合作论文　　非国际合作论文

学科规范化引文影响力区间

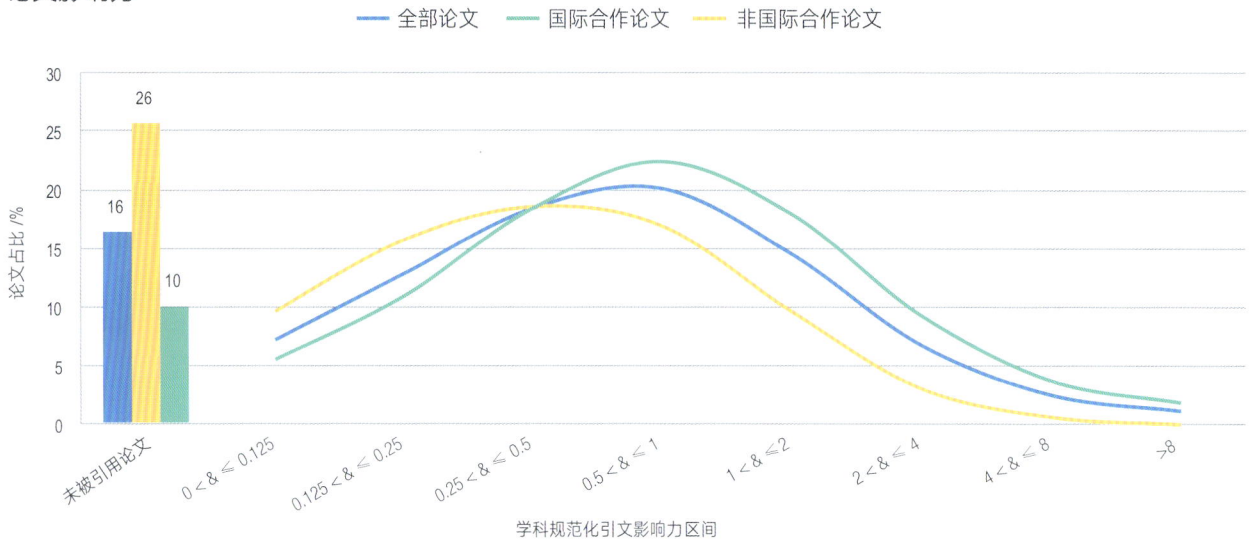

国际科研合作

国际合作论文数（篇）　　合作论文学科规范化引文影响力

国际合作论文数排名前 5 位的合作国家

	捷克	德国	美国	波兰	英国
篇	4941	2906	2551	2528	2244
影响力	1.57	3.06	3.21	2.81	3.68

域内国际合作论文数排名前 5 位的合作国家

	捷克	波兰	匈牙利	罗马尼亚	中国
篇	4941	2528	1733	1466	1463
影响力	1.57	2.81	2.81	3.90	4.49

论文学科分布

论文优势学科

临床医学 9.2%　2.73
物理学 13.4%　1.52
环境学 / 生态学 4.1%　1.12
植物学与动物学 6.2%　1.06
社会科学 3.4%　1.01
地球科学 3.5%　0.74
生物学与生物化学 6.2%　0.65
工程学 7.4%　0.65

内径：学科规范化引文影响力
各角名称：优势学科及学科论文占比

有效专利数

■ 2014年 ■ 2015年 ■ 2016年 ■ 2017年 ■ 2018年

半径：有效专利数量（件）

375
414
481
687
888

专利技术领域分布

专利优势技术领域

计算机 160
测量 151
武器 88
操作装置 89
卫生学 89
旋翼飞机 97
电视 104
医用 104

200 150 100 50 0

内径：2014—2018 年优势技术领域的专利被引次数（次）
各角名称：优势技术领域

斯洛文尼亚

- 创新投入方面，2017 年，斯洛文尼亚 R&D 经费投入为 9.0 亿美元，R&D 经费投入强度为 1.85%，R&D 人员数量为 1.5 万人年。

- 科学产出方面，斯洛文尼亚发表论文数从 2014 年的 4166 篇增加至 2018 年的 4498 篇。国际合作论文的影响力显著高于全部论文影响力。与斯洛文尼亚合作论文最多的 5 个国家是美国、意大利、德国、英国和法国，合作论文最多的 5 个域内国家是波兰、捷克、中国、塞尔维亚和匈牙利。斯洛文尼亚的优势学科为物理学、临床医学、环境学 / 生态学等。

- 技术产出方面，2014—2018 年斯洛文尼亚有效发明专利数呈增长态势，2018 年为 3495 件。斯洛文尼亚专利优势技术领域主要有医用、断路器、计算机和测量等。

国土人口	国土面积（平方千米）	20 675	人口（万人）	207
国民经济	GDP（现价百万美元）	54 235	人均 GDP（现价美元）	26 234
	10 年 GDP 平均增长率 (%)	4.5	FDI 流入额占 GDP 的比重 (%)	2.6
产业发展	高技术产品出口占制造业出口比重 (%)	6.8	ICT 服务贸易占服务业出口比重 (%)	6.1

R&D 经费支出

R&D 人员

R&D 投入

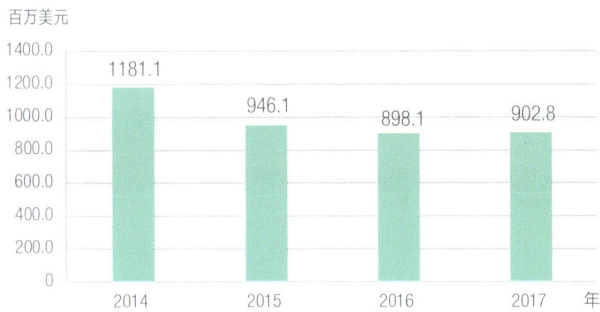

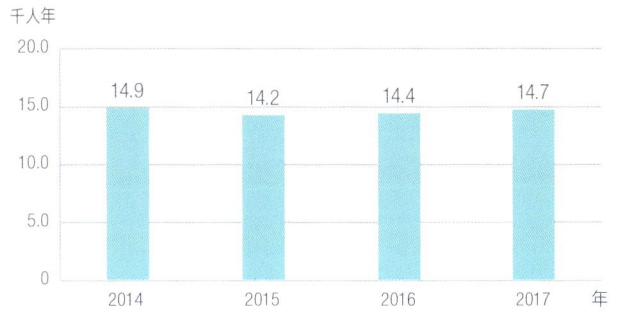

论文产出规模

域内论文合作关系网络

科学研究

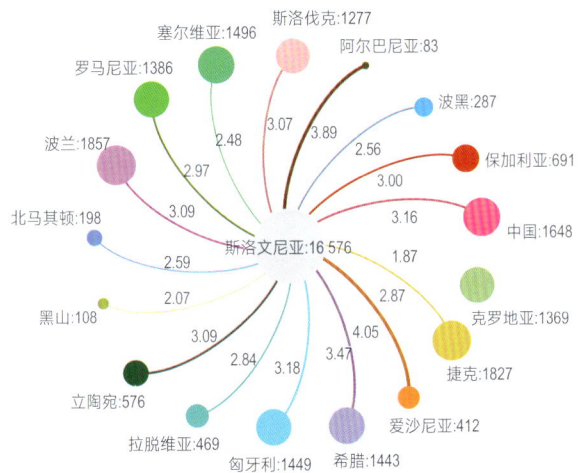

圆圈大小：域内国家与该国的合作论文数（篇）
线条粗细：合作论文学科规范化引文影响力

论文影响力

全部论文　国际合作论文　非国际合作论文

纵轴：论文占比/%
横轴：学科规范化引文影响力区间

柱状图数据：未被引用论文 14、22、7

国际科研合作

国际合作论文数（篇）　　合作论文学科规范化引文影响力

国际合作论文数排名前 5 位的合作国家

篇

美国	意大利	德国	英国	法国
3194	3192	3190	2728	2442
2.49	2.68	2.62	2.89	3.07

域内国际合作论文数排名前 5 位的合作国家

篇

波兰	捷克	中国	塞尔维亚	匈牙利
1857	1827	1648	1496	1449
3.09	2.87	3.16	2.48	3.18

论文学科分布

论文优势学科

物理学 10.5% 2.22
临床医学 11.6% 1.66
环境学 / 生态学 3.7% 1.20
植物学与动物学 5.3% 1.09
数学 4.3% 1.09
生物学与生物化学 3.7% 0.99
工程学 9.7% 0.79
化学 10.4% 0.76

内径：学科规范化引文影响力
各角名称：优势学科及学科论文占比

109

有效专利数

■ 2014年　■ 2015年　■ 2016年　■ 2017年　■ 2018年

半径：有效专利数量（件）

1218　1280　1440　1869　3495

专利技术领域分布

专利优势技术领域

内径：2014—2018年优势技术领域的专利被引次数（次）
各角名称：优势技术领域

附表

附表 1　研发经费和人员投入（2017 年）

国家	R&D 经费（百万美元）	R&D/GDP（%）	每千名就业人员中 R&D 人员数（人年）
波黑	36.2	0.20	2.2
保加利亚	438.1	0.77	7.4
中国	260 493.7	2.12	5.2
克罗地亚	477.2	0.87	7.1
捷克	3866.6	1.79	13.2
爱沙尼亚	342.9	1.32	9.2
希腊	2291.0	1.14	12.1
匈牙利	1884.8	1.35	9.0
拉脱维亚	155.4	0.51	5.8
立陶宛	421.0	0.89	8.3
黑山	14.2	0.32	2.9
北马其顿	40.1	0.35	2.5
波兰	5445.0	1.04	6.9
罗马尼亚	1065.3	0.50	3.7
塞尔维亚	385.4	0.93	7.4
斯洛伐克	844.0	0.88	7.5
斯洛文尼亚	902.8	1.85	15.2

注：阿尔巴尼亚无数据。黑山为 2016 年数据。

数据来源：联合国教科文组织。

附表 2　教育和人力资源情况

国家	教育经费投入占GDP 比例（%）	预期受教育年限（年）		高等教育毛入学率（%）	留学生流入占比（%）
		2014 年	2017 年		
阿尔巴尼亚	3.95	15.3	14.8	57.4	1.5
波黑	—	—	—	23.3	7.1
保加利亚	4.08	15.1	14.6	71.2	4.6
中国	4.14	9.3	9.6	49.1	0.4
克罗地亚	4.56	15.3	15.2	66.5	0.4
捷克	5.59	16.7	16.8	64.1	12.5
爱沙尼亚	5.17	16.2	16.0	69.6	8.2
希腊	3.96	17.9	19.1	136.6	3.4
匈牙利	4.71	15.4	15.2	48.5	10.0
拉脱维亚	4.72	15.8	16.2	88.1	7.4
立陶宛	4.01	16.5	16.6	72.4	4.6
黑山	—	15.1	15.0	58.2	—
北马其顿	3.30	13.0	13.3	41.1	3.5
波兰	4.64	16.0	16.1	67.8	4.1
罗马尼亚	3.11	14.6	14.3	48.2	4.8
塞尔维亚	3.96	14.4	14.8	66.5	4.4
斯洛伐克	3.90	14.8	14.5	46.6	6.9
斯洛文尼亚	4.80	17.3	17.6	78.6	3.9

注：数据年份为 2017 年或能获取数据的最近年份。

数据来源：联合国教科文组织。

附表 3　信息通信基础设施状况

国家	固定宽带互联网接入率（％）	光纤互联网接入率（％）	互联网使用率（％）
阿尔巴尼亚	12.5	1.7	71.8
波黑	20.9	0.1	70.1
保加利亚	26.6	13.0	64.8
中国	28.5	23.9	54.3
克罗地亚	27.0	1.3	72.7
捷克	29.9	5.4	80.7
爱沙尼亚	33.3	11.4	89.4
希腊	37.7	0.1	73.0
匈牙利	31.7	6.4	76.1
拉脱维亚	27.3	17.4	83.6
立陶宛	28.2	19.9	79.7
黑山	25.3	5.6	71.5
北马其顿	19.9	1.9	79.2
波兰	18.9	2.0	77.5
罗马尼亚	26.1	13.2	70.7
塞尔维亚	16.8	0.9	73.4
斯洛伐克	27.7	7.6	80.7
斯洛文尼亚	29.5	9.4	79.7

数据来源：世界经济论坛，《全球竞争力报告 2019》。

附表 4　制度环境状况

国家	知识产权保护水平	校企合作水平	FDI 净流入占 GDP 比重（%）
阿尔巴尼亚	3.1	3.8	8.0
波黑	2.9	2.9	2.5
保加利亚	3.7	3.8	4.0
中国	4.5	4.4	1.5
克罗地亚	3.8	3.0	2.1
捷克	4.9	4.0	3.5
爱沙尼亚	5.3	4.2	3.9
希腊	4.0	3.1	2.0
匈牙利	4.1	3.3	−46.8
拉脱维亚	4.7	3.9	1.2
立陶宛	4.5	4.3	1.6
黑山	3.9	3.9	8.9
北马其顿	3.3	3.1	5.3
波兰	4.1	3.2	2.1
罗马尼亚	4.7	3.4	2.9
塞尔维亚	3.7	3.6	8.1
斯洛伐克	4.3	3.6	2.4
斯洛文尼亚	4.8	4.0	2.8

数据来源：世界经济论坛，《全球竞争力报告 2019》；世界银行（2018 年数据）。

附表 5　每千人年研究人员论文数

单位：篇

国家	2014 年	2015 年	2016 年	2017 年
阿尔巴尼亚	426.0	409.7	465.2	470.0
波黑	417.4	400.8	370.6	387.2
保加利亚	181.1	167.8	166.8	191.9
中国	167.8	176.7	186.8	202.1
克罗地亚	595.6	575.2	507.4	528.2
捷克	353.4	353.5	374.6	374.2
爱沙尼亚	476.5	491.3	530.2	489.3
希腊	382.1	330.2	410.1	347.4
匈牙利	280.4	296.1	304.5	286.2
拉脱维亚	184.4	228.1	307.4	289.2
立陶宛	248.7	308.1	304.3	306.1
黑山	515.4	443.4	612.5	—
北马其顿	251.1	239.8	282.4	318.7
波兰	337.3	349.4	345.2	317.5
罗马尼亚	430.9	481.1	474.8	492.4
塞尔维亚	413.9	367.6	374.4	383.2
斯洛伐克	256.9	264.2	284.9	282.5
斯洛文尼亚	485.9	549.5	551.7	470.5

注：阿尔巴尼亚研究人员数根据人口数推算得到。

数据来源：科睿唯安，Web of Science 核心合集 ™；联合国教科文组织。

附表 6　论文学术影响力

国家	学科规范化引文影响力		TOP10% 高被引论文占比（%）		Q1 期刊论文占比（%）	
	2014 年	2018 年	2014 年	2018 年	2014 年	2018 年
阿尔巴尼亚	0.62	1.20	4.1	11.9	16.1	31.9
波黑	0.72	0.71	6.6	6.4	22.6	23.8
保加利亚	0.94	1.28	8.4	11.3	32.9	37.2
中国	1.02	1.12	11.7	12.1	42.2	45.7
克罗地亚	0.97	1.00	10.2	9.7	34.2	36.3
捷克	1.01	1.10	10.2	10.1	39.8	41.0
爱沙尼亚	1.68	1.68	15.1	16.2	49.9	49.5
希腊	1.23	1.31	12.9	12.5	43.8	42.8
匈牙利	1.06	1.20	11.1	11.1	41.7	41.2
拉脱维亚	1.16	1.49	10.4	13.7	30.5	44.1
立陶宛	0.98	1.06	9.7	10.3	29.5	37.5
黑山	0.66	0.69	6.5	5.8	20.0	19.7
北马其顿	1.26	1.15	8.7	9.5	28.0	28.1
波兰	0.85	0.91	7.5	7.9	31.4	33.4
罗马尼亚	0.88	0.99	8.0	9.1	27.9	27.8
塞尔维亚	0.87	0.91	8.0	7.7	29.5	32.3
斯洛伐克	0.86	0.97	8.1	8.7	30.8	32.4
斯洛文尼亚	1.08	1.21	11.8	11.4	42.8	44.8
18 国整体	0.97	1.07	10.7	11.2	40.0	43.6

数据来源：科睿唯安，Web of Science 核心合集 ™。

附表 7　国际合作论文

国家	占本国全部论文比重（%）		学科规范化引文影响力	
	2014 年	2018 年	2014 年	2018 年
阿尔巴尼亚	66.7	85.0	0.84	1.37
波黑	71.3	77.9	0.87	0.82
保加利亚	55.0	64.0	1.44	1.79
中国	24.6	27.2	1.46	1.52
克罗地亚	48.3	55.3	1.51	1.45
捷克	51.1	58.8	1.38	1.46
爱沙尼亚	57.1	70.7	2.45	2.07
希腊	52.1	59.7	1.70	1.71
匈牙利	54.6	59.4	1.51	1.64
拉脱维亚	57.3	75.1	1.65	1.82
立陶宛	42.5	57.0	1.70	1.54
黑山	65.9	67.8	0.75	0.89
北马其顿	57.4	67.9	2.00	1.53
波兰	34.3	38.8	1.42	1.42
罗马尼亚	42.2	46.0	1.50	1.55
塞尔维亚	39.3	49.2	1.48	1.42
斯洛伐克	54.6	62.7	1.17	1.27
斯洛文尼亚	50.5	61.0	1.48	1.60

数据来源：科睿唯安，Web of Science 核心合集 ™。

附表 8　域内国际合作论文

国家	数量（篇）			学科规范化引文影响力	占全部国际合作论文比重（%）	
	2014 年	2018 年	2014—2018 年	2014—2018 年	2014 年	2018 年
阿尔巴尼亚	37	87	295	1.99	28.5	40.5
波黑	234	421	1586	1.08	77.2	80.3
保加利亚	528	805	3596	2.39	40.2	50.5
中国	1830	3328	12 529	2.86	2.9	3.0
克罗地亚	841	1242	5214	1.91	47.8	51.1
捷克	2201	3319	13 831	1.83	33.8	37.8
爱沙尼亚	426	684	2865	3.76	36.2	42.3
希腊	1294	1938	8050	2.93	21.7	26.5
匈牙利	1292	1977	8141	2.46	32.2	40.1
拉脱维亚	198	525	1851	2.15	50.0	66.7
立陶宛	377	770	2882	2.24	39.3	47.6
黑山	105	175	705	0.87	73.4	78.5
北马其顿	157	190	944	1.57	62.5	61.5
波兰	2353	3590	14 865	2.35	25.9	28.9
罗马尼亚	1067	1548	6657	2.44	32.4	38.8
塞尔维亚	1039	1513	6350	2.10	49.1	54.2
斯洛伐克	1198	1747	7346	1.74	58.0	65.6
斯洛文尼亚	926	1369	5736	1.86	44.0	49.9

数据来源：科睿唯安，Web of Science 核心合集 ™。

附表 9　论文优势学科（2014—2018 年）

国家	学科	论文占比（%）	引文影响力	国家	学科	论文占比（%）	引文影响力
阿尔巴尼亚	临床医学	19.8	1.54	拉脱维亚	临床医学	10.8	3.36
	植物学与动物学	8.0	1.50		生物学与生物化学	3.1	1.50
	免疫学	3.9	1.22		物理学	20.2	1.50
波黑	物理学	4.3	2.31	立陶宛	物理学	13.4	1.70
	临床医学	19.6	2.02		临床医学	12.1	1.69
	环境学/生态学	3.4	1.04		环境学/生态学	5.2	1.01
保加利亚	临床医学	8.7	2.71	黑山	临床医学	14.1	1.24
	物理学	14.7	2.42		经济学与商学	3.1	0.90
	环境学/生态学	3.0	1.12		环境学/生态学	5.3	0.79
中国	植物学与动物学	3.2	1.30	北马其顿	临床医学	16.5	2.13
	数学	3.0	1.29		数学	4.1	1.16
	计算机科学	3.7	1.25		植物学与动物学	7.8	1.14
克罗地亚	物理学	8.8	2.14	波兰	临床医学	13.3	1.45
	临床医学	16.4	1.43		物理学	10.0	1.27
	农业科学	4.0	1.13		农业科学	3.3	0.99
捷克	临床医学	10.7	1.98	罗马尼亚	临床医学	11.0	1.98
	物理学	10.2	1.51		物理学	10.9	1.44
	环境学/生态学	4.5	1.28		数学	8.2	1.11
爱沙尼亚	临床医学	8.7	5.78	塞尔维亚	物理学	8.3	2.14
	分子生物学与遗传学	4.4	3.56		临床医学	17.2	1.53
	物理学	11.4	2.29		数学	4.9	0.98
希腊	物理学	7.6	1.84	斯洛伐克	临床医学	9.2	2.73
	临床医学	22.2	1.74		物理学	13.4	1.52
	社会科学总论	4.0	1.38		环境学/生态学	4.1	1.12
匈牙利	物理学	11.1	2.23	斯洛文尼亚	物理学	10.5	2.22
	临床医学	15.4	1.94		临床医学	11.6	1.66
	环境学/生态学	3.2	1.17		环境学/生态学	3.7	1.20

数据来源：科睿唯安，基本科学指标数据库 ™。

附表 10 发明专利申请和授权

单位：件

国家		2014 年		2015 年		2016 年		2017 年		2018 年	
		申请	授权	申请	授权	申请	授权	申请	授权	申请	授权
阿尔巴尼亚	本国	18	3	21	9	52	5	18	0	18	9
	国外	13	0	14	3	22	1	16	1	15	3
波黑	本国	41	1	0	0	60	0	87	0	84	0
	国外	14	1	12	1	8	3	5	3	11	3
保加利亚	本国	250	63	313	35	249	47	233	91	212	189
	国外	217	75	199	69	178	103	192	101	247	121
中国	本国	801 135	162 680	968 252	263 436	1 204 981	302 136	1 245 709	326 970	1 393 815	345 959
	国外	36 679	13 665	42 272	16 072	52 444	20 380	60 371	25 597	66 429	31 346
克罗地亚	本国	182	13	178	15	189	16	158	11	135	15
	国外	77	69	72	38	66	64	122	52	66	37
捷克	本国	1077	537	1093	650	981	732	997	690	921	580
	国外	1102	439	1272	453	1171	578	1191	747	1330	811
爱沙尼亚	本国	80	34	62	28	73	29	91	32	71	34
	国外	198	76	174	94	202	88	194	110	199	103
希腊	本国	745	325	640	277	679	303	600	289	550	276
	国外	506	184	512	203	550	197	633	225	587	285
匈牙利	本国	659	142	668	166	726	151	593	147	529	151
	国外	775	469	828	462	812	537	670	485	811	490
拉脱维亚	本国	111	147	165	148	107	82	105	89	98	60
	国外	82	108	123	75	149	70	63	84	77	75
立陶宛	本国	147	107	140	107	122	102	105	114	118	83
	国外	107	33	135	33	97	66	109	59	112	67
黑山	本国	13	11	23	6	10	8	0	0	3	11
	国外	1	0	7	2	7	1	10	1	13	0
北马其顿	本国	1	0	0	0	1	1	0	1	0	0
	国外	8	1	1	2	8	6	3	4	1	5
波兰	本国	4424	2598	5250	2554	4675	3550	4382	3011	4734	3131
	国外	1747	493	1760	611	1468	786	1749	797	2023	842
罗马尼亚	本国	980	344	1008	300	1035	368	1150	409	1150	365
	国外	272	92	227	97	220	130	302	144	351	156
塞尔维亚	本国	211	64	182	62	194	51	181	35	172	45
	国外	78	42	66	20	85	34	115	29	136	379
斯洛伐克	本国	238	69	277	65	263	96	224	77	267	114
	国外	216	68	218	96	194	99	217	108	293	107
斯洛文尼亚	本国	124	51	118	65	115	80	97	92	355	299
	国外	385	223	344	233	396	331	276	266	383	235

数据来源：世界知识产权组织。

附表 11　每 10 亿美元 GDP 的发明专利申请量

单位：件

国家	2014 年	2015 年	2016 年	2017 年	2018 年
阿尔巴尼亚	1.4	1.6	3.9	1.3	1.2
波黑	3.1	0.7	3.6	4.7	4.7
保加利亚	8.8	9.4	7.5	7.2	7.6
中国	100.7	113.6	132.5	128.9	135.2
克罗地亚	4.5	4.2	4.2	4.4	3.1
捷克	10.2	10.5	9.3	9.1	9.1
爱沙尼亚	12.1	10.1	11.4	11.2	10.2
希腊	5.1	4.7	5.0	5.0	4.5
匈牙利	10.3	10.4	10.4	8.2	8.3
拉脱维亚	5.8	6.2	4.8	4.5	4.7
立陶宛	7.0	10.2	8.9	5.6	5.5
黑山	3.2	6.6	3.6	2.0	3.1
北马其顿	0.9	0.1	0.8	0.3	0.1
波兰	11.5	12.6	10.7	10.2	10.7
罗马尼亚	6.8	6.4	6.2	6.7	6.7
塞尔维亚	6.7	5.7	6.2	6.4	6.4
斯洛伐克	4.7	4.9	4.4	4.1	5.0
斯洛文尼亚	10.6	9.4	10.1	7.0	13.3

数据来源：世界银行；世界知识产权组织。

附表 12　PCT 申请量（2018 年）

单位：件

国家	PCT 申请量	国家	PCT 申请量
阿尔巴尼亚	0	拉脱维亚	31
波黑	5	立陶宛	37
保加利亚	60	黑山	8
中国	53 347	北马其顿	6
克罗地亚	39	波兰	334
捷克	180	罗马尼亚	32
爱沙尼亚	49	塞尔维亚	20
希腊	115	斯洛伐克	50
匈牙利	153	斯洛文尼亚	116

数据来源：世界知识产权组织。

附表 13　获美日欧授权的发明专利总量（2018 年）

单位：件

国家	授权量	国家	授权量
阿尔巴尼亚	1	拉脱维亚	21
波黑	2	立陶宛	33
保加利亚	59	黑山	0
中国	22 469	北马其顿	3
克罗地亚	22	波兰	512
捷克	471	罗马尼亚	106
爱沙尼亚	61	塞尔维亚	36
希腊	146	斯洛伐克	73
匈牙利	210	斯洛文尼亚	138

数据来源：世界知识产权组织。

附表 14　发明专利被引情况（2014—2018 年）

国家	专利平均被引次数（次）	被引专利占全部专利比重（%）
波黑	0.15	8.8
保加利亚	0.29	8.0
中国	0.60	22.6
克罗地亚	0.16	6.6
捷克	0.13	6.4
爱沙尼亚	0.43	14.5
希腊	0.23	9.2
匈牙利	0.14	4.8
拉脱维亚	0.12	3.6
立陶宛	0.22	6.0
黑山	0.08	3.9
北马其顿	0.24	17.2
波兰	0.06	2.9
罗马尼亚	0.14	5.3
塞尔维亚	0.16	5.3
斯洛伐克	0.14	5.3
斯洛文尼亚	0.18	7.3

注：阿尔巴尼亚无数据。

数据来源：科睿唯安，德温特专利数据库™。

附表 15 专利被引次数排前 3 位的技术领域（2014—2018 年）

国家	技术领域	被引次数	国家	技术领域	被引次数
波黑	折射光学	8	拉脱维亚	医用	200
	计算机	5		卫生学	124
	发动机	5		测量	100
保加利亚	计算机	199	立陶宛	焊接	162
	发电机	122		医用	109
	发动机	90		激光器	96
中国	计算机	1999	黑山	放电管	13
	电传打字机	892		葡萄栽培	7
	共聚物	822		农业	3
克罗地亚	医用	286	波兰	医用	2852
	卫生学	121		卫生学	2670
	计算机	97		测量	2596
捷克	医用	1984	罗马尼亚	计算机	462
	测量	1307		电传打字机	349
	卫生学	1204		发动机	346
爱沙尼亚	计算机	335	塞尔维亚	医用	145
	电容器	83		计算机	144
	容器	59		发动机	101
希腊	医用	1089	斯洛伐克	计算机	160
	计算机	720		测量	151
	剃刀	545		医用	104
匈牙利	医用	1304	斯洛文尼亚	医用	202
	卫生学	763		断路器	156
	计算机	562		计算机	151

注：阿尔巴尼亚和北马其顿无数据。

数据来源：科睿唯安，德温特专利数据库™。

附表 16　开展创新活动的企业分布（2016 年）

国家	有创新活动的企业占全部企业比重（%）	有产品或工艺创新的企业占全部企业比重（%）
保加利亚	27.2	19.8
中国	39.1	26.5
克罗地亚	48.0	33.6
捷克	46.3	37.3
爱沙尼亚	47.7	44.4
希腊	57.7	47.1
匈牙利	29.0	21.2
拉脱维亚	30.3	21.4
立陶宛	50.5	40.8
北马其顿	37.4	27.6
波兰	22.0	17.7
罗马尼亚	10.2	5.4
塞尔维亚	43.4	35.3
斯洛伐克	30.7	23.3
斯洛文尼亚	39.8	31.3

注：阿尔巴尼亚、波黑和黑山无数据。

数据来源：欧洲统计局；国家统计局社会科技和文化产业统计司，《全国企业创新调查年鉴 2017》。

附表 17　开展产品或工艺创新的企业中有合作创新的企业所占比重（2016 年）

国家	企业占比（%）	国家	企业占比（%）	国家	企业占比（%）
保加利亚	20.9	希腊	49.5	波兰	30.7
中国	62.5	匈牙利	31.1	罗马尼亚	33.7
克罗地亚	32.4	拉脱维亚	28.9	塞尔维亚	26.0
捷克	38.3	立陶宛	43.9	斯洛伐克	41.0
爱沙尼亚	57.5	北马其顿	24.4	斯洛文尼亚	44.7

注：阿尔巴尼亚、波黑和黑山无数据。

数据来源：欧洲统计局；国家统计局社会科技和文化产业统计司，《全国企业创新调查年鉴 2017》。

附表 18　产品或工艺创新企业创新经费支出构成（2016 年）

国家	内部研发经费支出（%）	外部研发经费支出（%）	获得机器、设备和软件经费支出（%）	获取外部知识及其他经费支出（%）
保加利亚	39.4	2.9	51.5	6.2
中国	62.6	3.5	30.0	3.9
克罗地亚	16.1	3.5	69.1	11.3
捷克	29.0	16.3	43.8	10.9
爱沙尼亚	30.4	4.9	59.6	5.1
希腊	29.9	3.0	61.9	5.1
匈牙利	29.9	8.5	55.3	6.4
拉脱维亚	12.4	3.5	71.4	12.8
立陶宛	17.5	1.9	76.3	4.3
北马其顿	3.2	1.0	88.8	7.0
波兰	19.2	5.3	65.7	9.8
罗马尼亚	40.8	10.9	44.3	4.0
塞尔维亚	19.4	1.8	70.8	8.0
斯洛伐克	22.4	7.8	63.6	6.3
斯洛文尼亚	49.2	10.4	28.4	12.0

注：阿尔巴尼亚、波黑和黑山无数据。

数据来源：欧洲统计局；国家统计局社会科技和文化产业统计司，《全国企业创新调查年鉴 2017》。

附表 19　开展创新活动的企业采取的知识产权保护措施所占比重（2016 年）

国家	采取知识产权保护措施的企业占比（%）	发明专利保护（%）	实用新型专利保护（%）	外观设计专利保护（%）	商业秘密保护（%）	版权保护（%）	商标保护（%）
保加利亚	29.6	7.9	5.3	4.6	7.1	5.7	19.1
中国	51.4	5.5	6.0	6.0	12.6	2.6	12.0
克罗地亚	22.5	2.1	—	2.5	14.9	3.1	10.1
捷克	47.4	5.2	6.5	4.0	33.9	3.7	15.5
爱沙尼亚	18.3	3.6	1.2	1.0	9.4	0.7	10.0
希腊	26.4	4.0	1.3	3.5	6.2	6.3	19.2
匈牙利	17.9	4.8	1.9	1.1	6.0	4.1	8.0
拉脱维亚	16.0	3.9	1.0	3.4	1.7	2.2	11.4
北马其顿	14.1	1.9	0.5	4.2	2.7	2.2	10.5
波兰	22.9	3.5	1.5	1.0	14.4	12.0	2.4
罗马尼亚	12.7	5.6	3.1	3.7	0.9	1.0	6.3
塞尔维亚	28.4	1.9	0.9	7.2	11.4	13.6	12.4
斯洛伐克	21.6	3.7	2.6	3.1	6.9	5.8	12.1

注：阿尔巴尼亚、波黑、立陶宛、黑山和斯洛文尼亚无数据。

数据来源：欧洲统计局；国家统计局社会科技和文化产业统计司，《全国企业创新调查年鉴 2017》。

附表 20　阻碍创新的主要因素所占比重（2016 年）

国家	缺乏内部资金（%）	创新成本过高（%）	缺乏人才（%）	缺乏合作伙伴（%）	市场需求不确定（%）
保加利亚	21.1	27.0	14.7	7.8	13.0
中国	10.5	17.2	24.0	6.8	10.7
克罗地亚	35.5	31.1	18.6	11.6	19.7
捷克	20.0	—	14.1	4.8	—
爱沙尼亚	16.5	19.9	15.9	2.6	8.4
希腊	35.9	27.6	12.6	8.4	22.3
匈牙利	20.9	26.8	22.0	5.3	11.2
拉脱维亚	23.8	30.0	7.7	6.4	16.8
立陶宛	15.2	13.4	26.6	30.9	26.4
北马其顿	29.2	33.7	31.0	13.6	16.9
波兰	19.3	26.3	10.0	7.0	14.8
罗马尼亚	24.8	28.6	16.2	12.0	12.5
塞尔维亚	30.8	30.9	12.4	11.7	16.3
斯洛伐克	29.0	25.9	15.0	5.9	13.0
斯洛文尼亚	40.1	30.3	33.1	12.2	20.3

注：阿尔巴尼亚、波黑和黑山无数据。

数据来源：欧洲统计局；国家统计局社会科技和文化产业统计司，《全国企业创新调查年鉴 2017》。